Luchando con Dios

luchando con Dios

la oración que nunca se rinde

greg laurie

Unilit
Sepa

Publicado por
Editorial Unilit
Miami, Fl. 33172

Primera edición 2003
Primera edición 2012 (Serie Bolsillo)

Originalmente publicado en inglés con el título:
Wrestling with God por Greg Laurie.
Publicado por *Multnomah Books*, un sello de
The Crown Publishing Group, una división de Random House, Inc.,
12265 Oracle Boulevard, Suite 200, Colorado Springs, CO 80921 USA
Publicado en español con permiso de Multnomah Books, un sello de
The Crown Publishing Group, una división de Random House, Inc.
(This translation published by arrangement with Multnomah Books, an imprint of
The Crown Publishing Group, a division of Random House, Inc.)

Traducción: Rafael B. Cruz
Fotografía de la portada: Photodisc

Producto 499127 • ISBN 0-7899-2010-7 • ISBN 978-0-7899-2010-2

Impreso en Colombia / *Printed in Colombia*

Categoría: Vida cristiana /Crecimiento espiritual /Oración
Category: Christian Living /Spiritual Growth /Prayer

CONTENIDO

Capítulo uno

¿Qué es luchar con Dios?

Si alguna vez está atorado en un embotellamiento de tránsito en una autopista en el sur de California, cuídese de mí. Soy la persona que se mueve de un carril a otro en una interminable búsqueda del carril más rápido.

O si en el supermercado está en la fila rápida de solo diez artículos, yo seré la persona detrás de usted, contando todo lo que pone en el mostrador y listo para ponerme furioso si quebranta las reglas en un día en el que no tengo tiempo para esperar por usted.

Si se detiene a comprar pizza, yo soy la persona que saca una porción de la caja aun antes de pagar a fin de comenzar a comer en el camino a casa.

Aunque verá, no creo que sea el único. La mayoría de las personas que conozco lo quieren todo... ¡y lo quieren a la velocidad de la luz! Eso es a lo que nos han condicionado a esperar. Si un horno de microondas no cocina un pavo en veinte minutos o menos, nos vamos. Nos gustan nuestras noticias en períodos de treinta segundos. Y si lográramos encontrar un conveniente sitio Web donde pusiéramos nuestras peticiones de oración y obtuviéramos respuestas instantáneas, sin tener que hablar en persona con Dios sobre ellas, muchos haríamos la prueba.

No obstante, a pesar de todo el apuro, de vez en cuando aminoraremos la marcha lo suficiente para escuchar al Señor decir: «Estad quietos, y conoced que yo soy Dios» (Salmo 46:10, RV-60). De repente nos damos cuenta que Él es Dios y nosotros no lo somos; que Él está en su horario, no en el nuestro; y que ninguna de nuestra impaciencia tiene algún efecto en cómo obra Él.

No sé en su caso, pero aminorar el paso de esa manera es en extremo difícil para una persona como yo. Así que comprendo la frustración que muchas personas sienten con «esperar en el Señor» y su «tiempo perfecto».

> Comprendo la frustración que muchas personas sienten con «esperar en el Señor».

Aun cuando aminoramos el paso, aun cuando llegamos al punto de absorber en verdad su Palabra y escuchar su voz, eso no siempre significa que de repente obtengamos respuestas a todas nuestras preguntas y se resuelvan nuestros problemas. Algunas veces nos desesperamos debido a una crisis repentina en nuestras vidas o a causa de pruebas continuas y circunstancias difíciles (cosas que logran aplastarnos fácilmente con temor o preocupación), o debido a nuestra necesidad urgente de que nos guíen en alguna decisión a la que nos enfrentamos, o solo por nuestro anhelo de ver a Dios obrando más en nuestras vidas o en las vidas de quienes amamos. Llegamos al punto en que casi no podemos contenernos de ir a Dios y clamar a Él, ya bien sea un clamor vocal o un ruego en silencio en nuestra alma que es demasiado profundo para las palabras. Estamos desesperados por un progreso, desesperados por respuestas.

Es una experiencia que algunas personas han llamado «luchando» con Dios. Aun así, ¿es esa la manera apropiada de pensar en esto? ¿Es eso realmente lo que necesitamos hacer en tales momentos? ¿Desea Él en verdad que peleemos en su contra?

Buena batalla y mala batalla

Algunas veces las personas me dicen: «He estado luchando con Dios en oración». Mi respuesta común es: «Me imagino que usted perdió», pues si trata de torcerle el brazo a Dios hacia la voluntad suya, tiene un problema. Si se resiste y pelea en contra de la voluntad del Señor para su vida, puede olvidarse de tratar de cambiar la forma de pensar de Él. Si persiste con obstinación en una línea de conducta que sabe que no le agrada a Él, puede luchar en su contra todo lo que quiera, pero le daré una pequeña idea del resultado: Usted perderá y perderá en *grande*.

Como una vez proclamó el título de una obra de Broadway: sus brazos son demasiado cortos para boxear con Dios.

Si está desesperado por salir adelante, este no es el momento de pelear con Dios; este es el momento de darse por vencido. No titubee en humillarse ante Dios y someterse a Él. No hay nada más importante ni urgente para usted que cesar de pelear con Dios y en lugar de ello comenzar a confiar en Él. Como dijo Corrie ten Boom: «¡No luche, solo póngase cómodo!».

A pesar de todo, hay otra clase de lucha con Dios que es drásticamente diferente. Es una buena clase de lucha y no es solo para los supersantos. Es para usted y para mí, mientras continuamos creciendo en nuestra relación y en nuestro caminar con Dios.

Así que, ¿cómo puede saber la diferencia entre resistir la voluntad de Dios y la clase de lucha de la que hablo?

Eso es lo que exploraremos juntos.

Dios el luchador

La imagen más clara de luchar con Dios que encontramos en la Biblia es algo que le ocurrió a Jacob, uno de los héroes más extraños del Antiguo Testamento. La Biblia nos dice: «Quedándose solo. Entonces un hombre luchó con él hasta el amanecer» (Génesis 32:24). Este «hombre» que luchó con Jacob no era un ser humano como Jacob mismo, ni tampoco era un simple ángel. Este era el Señor mismo luchando con Jacob, y este lo sabía porque en cuanto terminó su encuentro dijo: «He visto a Dios cara a cara» (32:30).

Hay mucho que comprender de este incidente antes que nosotros entremos también al cuadrilátero con Dios y tratemos de ponerle una llave. Más adelante examinaremos esta historia con más detalles y descubriremos algunos de los antecedentes y lo que ocurrió con exactitud. Por el momento, es importante darnos cuenta que Jacob era un ser humano con muchas faltas, como usted y yo. Tenía un corazón a favor de Dios, pero al mismo tiempo tendía a ser deshonesto, tramposo y terco por completo. Se había pasado la mayor parte de su vida luchando contra otras personas, en sentido figurado: su padre Isaac, su hermano Esaú, su suegro Labán y hasta con sus dos esposas. Así que cuando llegó el momento de un encuentro en verdad extraordinario con Dios, que cambia vidas, el Señor vino a él como un luchador.

En gran medida, no era tanto que Jacob luchaba para obtener algo de Dios; más bien Dios luchaba para obtener algo de Jacob.

¿Qué fue eso? *Rendición.*

Dios se encontró con Jacob de esta manera sorprendente a fin de rendirlo a sentir que él no era nada, para hacerlo ver cuán pobre, inútil y débil era en realidad. Y el propósito principal de Dios fue enseñarnos, a través de Jacob, una lección muy importante: *En el reconocimiento de nuestra debilidad está nuestra fortaleza.*

Un poderoso movimiento del alma

El comportamiento de Jacob en este encuentro con Dios también nos da algunos buenos ejemplos a seguir. Más tarde, el profeta Oseas trae este incidente a colación de manera positiva al decir esto acerca de Jacob:

> En el seno materno suplantó a su hermano, y cuando se hizo hombre luchó con Dios. Luchó con el ángel, y lo venció; lloró y le rogó que lo favoreciera. Se lo encontró en Betel, y allí habló con él; (Oseas 12:3-4)

Como un camarógrafo que utiliza una escena muy de cerca en una película, Oseas recuerda esta increíble historia y se enfoca en la escena de Jacob sollozando de verdad mientras busca el favor de Dios. Jacob era un lloroso luchador. Y esa misma intensidad y quebrantamiento en perseguir a Dios y buscar de verdad su bendición son cosas maravillosas que aprendemos de Jacob y de su asombroso encuentro con el Señor.

> No hay duda alguna, luchar con Dios es algo intenso y profundo.

Ese es el lado bueno de luchar con Dios. Para Jacob, eso significó que «prevaleció» con Dios y recibió su favor, y puede significar lo mismo para nosotros.

En generaciones anteriores, esta clase de lucha con Dios se describe a menudo como la cualidad de *importunidad* en nuestra oración, una palabra que significa ser extremadamente urgente e insistente y aun exigente en lo que pedimos. E.M. Bounds, uno de los grandes escritores acerca de la oración, describió esta importunidad como «presionar nuestros deseos sobre Dios con urgencia y perseverancia» y como «orar con esa tenacidad y tensión que no se suaviza ni cesa hasta que se escucha su petición y se gana su causa».

En *La necesidad de la oración*, Bounds tiene muchísimo que decir acerca de esta clase de lucha con Dios, y vale la pena leer sus palabras una y otra vez a fin de comprender su significado de manera más profunda. He aquí más de lo que escribió:

> La oración importuna es un movimiento poderoso del alma hacia Dios. Es estimular las fuerzas más profundas del alma, hacia el trono de la gracia celestial. Es la habilidad de perseverar, seguir adelante y esperar. En todo esto participan el deseo inquieto, la paciencia tranquila

> y la fortaleza del entendimiento. No es un accidente, ni una actuación, sino una pasión del alma. No es un deseo [...] sino una absoluta necesidad.

¿Entendió eso?

Esta «cualidad de lucha», continúa Bounds diciendo, no es un simple esfuerzo emocional o físico con el que nos entusiasmamos. Es, en lugar de eso, una «fuerza entretejida», algo dentro de nosotros que «implanta y despierta el Espíritu Santo». Este poder de oración lo iguala a la intercesión del Espíritu de Dios en nosotros y con «la oración del justo», la clase de oración que «es poderosa y eficaz» (Santiago 5:16).

Sin lugar a dudas, luchar con Dios es algo intenso y profundo, tanto en la forma que opera, como en lo que alcanza.

¿Mientras más ruido mejor?

Y, sin embargo, no es cuestión de qué tan alto ore ni de cuán emocionado se sienta. «Esta lucha en oración pudiera no ser bulliciosa ni vehemente», explica Bounds, «sino tranquila, tenaz y urgente». Incluso, de ser necesario, quizá sea silenciosa por completo.

Algunas personas creen que son capaces de convencer a Dios de su causa mientras más alto oran y por más tiempo. Mientras más ruido y conmoción, más eficaz será su oración. No obstante, esa idea es de naturaleza pagana. Así fue con exactitud la manera en que oraron los profetas de Baal en su encuentro con Elías en el monte Carmelo. Oraron a Baal desde la mañana hasta el mediodía, gritando y danzando alrededor del altar que habían hecho. Cuando Elías se burló de ellos diciéndoles que aumentaran el volumen, «comenzaron entonces a gritar más fuerte y, como era su costumbre, se cortaron con cuchillos y dagas hasta quedar bañados en sangre. Pasó el mediodía, y siguieron con su espantosa algarabía hasta la hora del sacrificio vespertino. Pero no se escuchó nada, pues nadie respondió ni prestó atención» (1 Reyes 18:28-29).

Podemos clamar a Dios sin cesar, pero esa acción por sí sola nunca garantizará su respuesta. Tampoco puede exigir algo de Dios y esperar que lo haga. Algunas personas enseñan que cuando oramos por algo, todo lo que necesitamos hacer es «decir que existe» y ocurrirá. Solo nómbrelo y reclámelo. Háblelo y tómelo. Con todo, ese es un mal enfoque.

Dios no es nuestro mayordomo que está en el cielo; es nuestro Padre. Ningún esfuerzo ni presunción audaz logrará jamás que Él haga algo que no quiere hacer. La oración es un *privilegio* para los hijos de Dios, y Jesús nos enseñó que la verdadera esencia de la oración que se escucha es solo esto: «¡Oh Dios, ten compasión de mí, que soy pecador!» (Lucas 18:13).

A través de toda la Palabra de Dios

Sin embargo, eso no significa que no debamos ser persistentes y perseverar en nuestra oración, aun hasta el punto de luchar a veces. A lo que nos referimos es al esfuerzo vigoroso en oración... al verdadero empuje, a la batalla genuina. Es por eso que la lucha resulta ser una poderosa y provechosa imagen para nosotros de la oración ferviente y perseverante.

Desde ese punto de vista, comenzamos a ver luchas a través de todas las Escrituras. Vemos a Abraham, por ejemplo, orando con intensidad persistente por Sodoma (véase Génesis 18).

Encontramos a Moisés pasando cuarenta días y cuarenta noches en ayuno y rogando por Israel cuando Dios estaba tan enojado con ellos (véase Deuteronomio 9:25-26).

Vemos a Daniel ayunando durante tres semanas cuando Dios le estaba mostrando una visión difícil (véase Daniel 10:2-3).

Encontramos a Elías inclinado hasta el suelo y con el rostro entre las rodillas, orando siete veces para que Dios enviara lluvia (véase 1 Reyes 18:42-44).

Reconocemos a Habacuc luchando con Dios cuando seguía preguntando sobre la extraña manera en que al parecer el Señor lidiaba con la maldad que le rodeaba (véase Habacuc 1—3).

Esta persistente necesidad la vemos una y otra vez en David. En el Salmo 39:12 dice: «Señor, escucha mi oración, atiende a mi clamor; no cierres tus oídos a mi llanto»; palabras desesperadas como esas se encuentran a través de los salmos de David.

Pablo practicó esta clase de oración persistente, tanto para sí mismo (al igual que en 2 Corintios 12:7-8 le pidió a Dios tres veces que le quitara la espina de su cuerpo), como para las personas que ministraba (al igual que en Colosenses 1:9). Les rogó a los cristianos en Roma que oraran por él de esa manera: «Os ruego, hermanos, por nuestro Señor Jesucristo y por el amor del Espíritu, que *os esforcéis juntamente conmigo* en vuestras oraciones a Dios por mí» (Romanos 15:30, LBLA). La palabra griega traducida «esforcéis juntamente» implica tomar parte juntos en una batalla o contienda real, en un verdadero conflicto.

Cuando Pablo vio este nivel de oración ferviente en uno de sus colaboradores en el ministerio, se aseguró de hablar de forma positiva sobre esto: «Epafras [...] está siempre *luchando* en oración por ustedes» (Colosenses 4:12).

Y entonces está el ejemplo supremo de luchar en oración: Jesús en el huerto de Getsemaní. Mientras experimentaba una angustia y una agonía que nunca en toda la eternidad comprenderemos del todo, Jesús le imploró una y otra vez a su Padre en el cielo: «Aparta de mí esta copa» (Marcos 14:36, RV-60).

Parece ser que el autor de Hebreos estaba pensando en esa noche oscura en Getsemaní cuando nos recordó cómo «Jesús ofreció oraciones y súplicas *con fuerte clamor y lágrimas* al que podía salvarlo de la muerte, y fue escuchado por su reverente sumisión» (Hebreos 5:7). Esta era una petición vehemente, ardiente, intensa, fuerte, poderosa. Quizá Jesús algunas veces llegaba del mismo modo a esta clase de intensidad en las ocasiones que pasaba toda la noche en oración (véase Lucas 6:12).

Juntos en la lucha

En realidad, la oración persistente y perseverante se puede convertir en una lucha ardiente, una verdadera prueba de resistencia y fortaleza espiritual que requiere nuestra dependencia de Dios por encima de todo. Verás, la clase de lucha apropiada con Dios significa luchar *junto* con Él y nunca luchar *contra* Él.

La verdad es que Dios siempre se *deleita* en contestar sus oraciones y proveer para usted. Jesús dijo: «No tengan miedo, mi rebaño pequeño, porque *es la buena voluntad del Padre darles el reino*» (Lucas 12:32). Dios se regocija en darle lo que usted necesita; eso está en sus planes. Algunas veces vemos a Dios como un tipo de avaro celestial allá arriba que no quiere bendecirnos, cuando en realidad es cierto lo opuesto. La verdadera oración no es vencer la resistencia de Dios, sino es aferrarnos a su buena disposición.

No hay duda alguna, luchar con Dios es algo intenso y profundo.

Y cuando la oración requiere lucha, nunca es a causa de ninguna tacañería repentina de parte de Dios; es porque hay *algo más que Él quiere hacer por nosotros,* algo más que darnos, algo más allá de lo que aun somos capaces de imaginar ahora y algo que nunca experimentaremos del todo si Dios siempre contestara nuestras oraciones de acuerdo con nuestros planes y horarios sin el sudor y la labor de la lucha.

Entonces, ¿por qué nos lleva Dios hasta ese punto? ¿Por qué la oración algunas veces tiene que volverse tan ardiente e intensa y llena de batalla?

Siga leyendo y descubriremos más de lo que Dios tiene en mente cuando nos guía a la lucha.

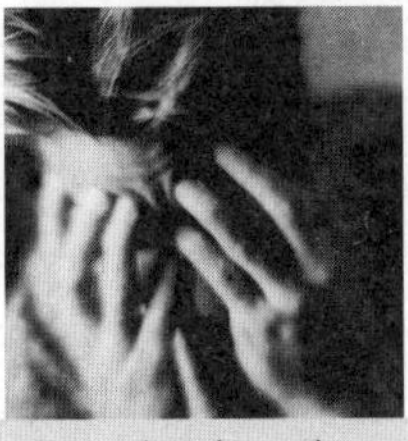

Capítulo dos

¿Por qué luchar?

¿Por qué algunas veces haría falta esforzarse mucho en la oración?

Es más, ¿por qué al fin y al cabo debemos orar?

He aquí la respuesta corta: *Porque Jesús nos dice que lo hagamos.*

Lucas registra que Jesús una vez contó una parábola con esta idea en particular: «Orar siempre, sin desanimarse» (Lucas 18:1). Debemos orar *siempre* en lugar de desanimarnos.

Todos sabemos lo que es estar tan abrumados en la vida que sentimos la tentación a desanimarnos. ¿No parece que cuando vienen los problemas, todos vienen juntos? Navega con tranquilidad en el mar de la vida y, de repente y sin previo aviso, llega una tormenta. A su pequeña barca le comienza a entrar el agua y piensa: *Bueno, no hay nada peor que esto.* No obstante, la cosa empeora. Los vientos soplan con más fuerza, las olas son más altas y su barca se llena cada vez más de agua.

Por lo tanto, ¿qué debería hacer? Pues bien, siempre puede abandonar la barca, darse por vencido. Sin embargo, Jesús tiene una mejor idea.

Cuando llega una crisis o un apuro, tenemos una elección. Podemos orar o desanimarnos. Si está orando, no se desanimará; y si se desanima a menudo, yo me atrevería a decir que no está orando.

La Biblia también dice: «En toda ocasión, con oración» (Filipenses 4:6). *En toda ocasión.* Nos dice «oren sin cesar» (1 Tesalonicenses 5:17) y «oren en el Espíritu en todo momento, con peticiones y ruegos» (Efesios 6:18).

Orar *siempre* con *toda* oración y *constantemente* por *todas las cosas*, eso es lo que Dios mismo ordena... y no hay mejor razón que esa para hacerlo.

Si orar fuera una labor demasiado desagradable (lo cual no es) o una tarea en particular difícil o compleja que hacer (lo cual no es), eso sería algo que considerar. Sin embargo, la oración es una actividad enriquecedora y satisfactoria, una experiencia maravillosa, y es lo que nos instruyó a hacer nuestro Señor y Maestro.

No creo que necesitemos ninguna otra razón adicional, aunque además de eso recibimos bendiciones mientras observamos desarrollarse las respuestas a nuestras oraciones: la salvación de un ser querido, una sanidad divina, la asombrosa provisión de Dios para nuestras vidas.

La manera de recibir

Otra razón sencilla para orar es que la oración es la vía que estableció Dios para que nosotros obtengamos ciertas cosas buenas. Santiago dice: «No tienen, porque no piden» (Santiago 4:2). ¿Se da cuenta que una respuesta a la oración espera por usted ahora mismo? La única razón por la que aún no la ha visto es porque no ha llevado el asunto ante el Señor.

Quizá se pregunte: *¿Por qué no estoy viendo la voluntad de Dios para mi vida ahora mismo?* Recuerde las palabras de Santiago: «no tienen, porque no piden».

Tal vez se pregunte: *¿Por qué nunca tengo la oportunidad de guiar a nadie al Señor?* No tiene porque no pide.

A lo mejor se dice: *¿Por qué siempre parece que apenas me las arreglo en lo financiero?* o *¿Por qué tengo este problema que no desaparece?* Sin embargo, ¿ha orado? No tiene porque no pide.

Santiago 5:13-14 nos proporciona un remedio seguro si alguno entre nosotros está afligido («Que ore») o si alguno está enfermo («Haga llamar a los ancianos de la iglesia para que oren por él»). El mensaje es claro y sencillo: Cuando tenemos necesidad, ¡debemos orar!

No tiene porque no pide.

No sugiero que si ora nunca más se volverá a enfermar, ni que nunca tendrá una cuenta sin pagar, ni que nunca dejará de ver la voluntad de Dios para su vida. A lo que me refiero es que hay muchas veces en la que Dios en sí lo sanará, momentos en los que le proveerá, momentos cuando le revelará su voluntad para su vida, y lo único que está esperando es que se lo pida. Y a veces le pedirá que luche en oración por ello.

¿Ha estado alguna vez en una situación al parecer imposible en la que no había salida? ¿Alguna vez ha necesitado algo con desesperación, pero parecía que no había manera que jamás pudiera ser suyo? ¿Ha pensado alguna vez que no había futuro para usted, que era demasiado tarde?

Una cosa que se destaca sin lugar a dudas en las páginas de las Escrituras es el hecho de que la oración es capaz de cambiar de manera extraordinaria las situaciones difíciles y las personas difíciles; y algunas veces hasta el curso de la naturaleza:

> Josafat, rey de Judá, recibe de repente el informe de que un vasto ejército enemigo se aproxima con rapidez. De inmediato, proclama un ayuno nacional y guía a su pueblo reunido en una oración por liberación, concluyendo con estas palabras al Señor: «Nosotros no podemos oponernos a esa gran multitud que viene a atacarnos. ¡No sabemos qué hacer! ¡En ti hemos puesto nuestra esperanza!» (2 Crónicas 20:12). Al siguiente día Josafat dirige a sus soldados a donde el profeta de Dios les dijo que fueran, y allí solo encuentran los cuerpos muertos de sus enemigos.
>
> Un hombre llamado Elías ora, y la lluvia en Israel cesa por tres años y medio. Vuelve a orar y la lluvia regresa. Ora en otra ocasión y desciende fuego del cielo.

Una mujer llamada Ana no puede tener un hijo. En un llanto apesadumbrado ora y derrama su alma al Señor. Pronto Ana concibe y el hijo que da a luz, Samuel, un día se convierte en uno de los profetas más grandes de Israel.

Como un cautivo ciego de los filisteos, Sansón ora, y a pesar de su desobediencia anterior, Dios le da de nuevo su fortaleza sobrehumana para lograr una última derrota de sus enemigos.

Al apóstol Jacobo lo arrestan y ejecutan; el siguiente turno es el de Pedro. Sin embargo, sus compañeros creyentes utilizan un arma secreta: «la iglesia oraba constante» (Hechos 12:5). Esta palabra para «constante» significa literalmente «forzado hacia fuera», o aun «con agonía»; habla de almas forzadas en un deseo ardiente. (Jesús utiliza la misma palabra en Lucas 22:44: «Como estaba angustiado, se puso a orar con más fervor, y su sudor era como gotas de sangre que caían a tierra»). La iglesia arremete contra las puertas del cielo, orando con pasión y fervor por la liberación de Pedro. Y en la noche antes del juicio, un ángel lo guía a salir de la cárcel, y pronto Pedro está predicando de nuevo el evangelio.

Pablo y Silas están encadenados en la cárcel. A medianoche están orando y cantando himnos. Dios envía un terremoto que rompe sus cadenas y abre de golpe las puertas de la cárcel.

Leemos estas historias y no logramos relacionarnos con ellas. Después de todo, estos eran héroes de la Biblia, los superespirituales. Sin embargo, ¿qué nos dicen las Escrituras sobre Elías? «Elías era un hombre *con debilidades como las nuestras*. Con fervor oró que no lloviera, y no llovió sobre la tierra durante tres años y medio. Volvió a orar, y el cielo dio su lluvia» (Santiago 5:17-18).

La derrota de la preocupación

También debemos orar debido a que la oración es la manera en que Dios nos ayuda a vencer la inquietud. Quizá esté batallando con una carga de preocupación en este momento. Entonces el mensaje de la Biblia para usted ahora mismo es: «No se inquieten *por nada*». ¿Y qué dice después?

¿Ore acerca de lo que es significativo? ¿Ore por las preocupaciones enormes? No, lo que dice después es esto: «Más bien, *en toda ocasión*, con oración y ruego, presenten sus peticiones a Dios y denle gracias» (Filipenses 4:6).

No se inquieten *por nada*; oren en *toda ocasión*. En realidad, usted no puede hacer lo primero sin lo segundo.

Y cuando al fin oramos en lugar de preocuparnos, Dios sustituye nuestra inquietud con algo que no tiene precio: ¡Su propia paz!

> Presenten ante Dios sus necesidades y después no dejen de darle gracias por sus respuestas. Haciendo esto sabrán ustedes lo que es la paz de Dios, la cual es tan extraordinariamente maravillosa que la mente humana no podrá jamás entenderla. Su paz mantendrá sus pensamientos y su corazón en la quietud y el reposo de la fe en Jesucristo. (Filipenses 4:6-7, LBD).

Su carga quizá parezca insignificante, pero puede llevarla ante el Señor sin avergonzarse.

¿Está teniendo dificultades en dormir de noche a causa de las preocupaciones en su mente? No quiero parecer demasiado místico, pero casi puede *sentir* el efecto calmante de las oraciones que expresan confianza en Dios. Esta clase de oración tiene una manera de recordarnos las promesas de la Palabra de Dios, como estas palabras de David: «En paz me acuesto y me duermo, porque solo tú, Señor, me haces vivir confiado» (Salmo 4:8). ¡Nuestra sociedad saturada de pastillas para dormir y tranquilizantes pudiera en realidad aprender una lección de David en este aspecto!

No hay *nada* en lo absoluto por lo que sienta la tentación de preocuparse mejor que hablar de esto con Dios en su lugar. El Señor ve cada detalle de su vida, y Él se interesa en todo, aun cuando otras personas no comprenden.

David sabía esto. Le dijo al Señor: «Me has visto retorcerme en la cama toda la noche. Has recogido todas mis lágrimas y las has guardado en un frasco. Has hecho que en tu libro conste cada una de ellas. El mismo día que pido ayuda, cambia la suerte de la batalla. ¡Mis enemigos huyen! Esto sé, ¡Dios está a favor mío!» (Salmo 56:8-9, LBD).

Su carga quizá parezca insignificante, pero puede llevarla ante el Señor sin avergonzarse. Él guarda sus lágrimas en un frasco. Están escritas en su libro. Ese es el nivel de compasión personal que tiene para todos y cada uno de nosotros.

No espere a que una cosa pequeña se convierta en algo grande. Lleve la cosa pequeña ante el Señor ahora mismo y ore por esto. A su Padre celestial le interesa cada faceta de su vida; no reduzca lo infinito a lo finito al ponerle límites a Él.

Cuando no vienen las respuestas

¿Se ha preguntado alguna vez por qué a veces sus oraciones *no* reciben respuesta?

En realidad, desde un sentido importante, todas nuestras oraciones reciben respuesta. En lugar de contestar «Sí», Dios en su amor sabio por nosotros algunas veces nos dice «No» o «Espera».

Cuando miro hacia atrás, me alegro de que Dios no dijo sí a todas las oraciones que oré. Ahora me doy cuenta de que si el Señor hubiera permitido aquello por lo que oré, me hubiera hecho daño. Es posible que fuera demasiado pronto y yo no estuviera listo para enfrentarlo.

Aunque, al mismo tiempo, a ninguno de nosotros nos gusta escuchar «No». Y escuchar «Espera» no nos agrada mucho más. Es posible que respondamos: «Dios no contestó mi oración», pero lo que en realidad queremos decir es «No me gusta la respuesta de Dios».

Otra forma de pensar en ello es que algunas veces Dios responde «Adelante», y otras veces nos dice «Más lento». Y entonces hay momentos en el que nos niega la petición y nos dice «¡Crece!» Él quiere que antes maduremos en lo espiritual.

«Crece» fue en esencia la manera en que Dios le respondió al apóstol Pablo cuando oró tres veces para que quitara la «espina» que «fue clavada en el cuerpo». Dios utilizó esa ocasión para enseñarle a Pablo (y a nosotros) esta verdad: «Te basta con mi gracia, pues mi poder se perfecciona en la debilidad» (2 Corintios 12:9).

Sin embargo, ¿ha orado alguna vez con todo su corazón por algo que estaba convencido de que era la voluntad de Dios y no recibió ninguna respuesta sino un frío silencio del cielo? Quizá estaba orando por la salvación de un ser querido. Quizá era una oración pidiéndole a Dios que enviara un avivamiento a su iglesia, a su comunidad o a su país.

Y sabe en lo más profundo de su ser que ora por lo que es agradable y aceptable a Dios. Entonces, ¿por qué no responde?

Es difícil cuando no escuchamos de Dios. Pensamos: *¿Qué está sucediendo? ¿Está Dios* *estando atención? ¿Se interesa Dios? ¿Se ha olvidado de mí?*

Comenzaremos a buscar respuestas a medida que comprendamos en verdad lo que sucedió un día cuando una madre desesperada vino a Jesús.

Capítulo tres

Una madre que no se daría por vencida

En Mateo 15 encontramos un recordatorio de que a menudo las cosas que consideramos barreras que nos separan de Dios son, en realidad, puentes hacia su mayor bendición. La historia que se narra es sobre una madre que no se daría por vencida en pedirle a Jesús que sanara a su hija, y es una historia que les da esperanza a todos los padres que se interesan por el bienestar de sus hijos. También nos presenta una perspectiva diferente y fascinante acerca de luchar con el Señor.

Al comenzar la historia, Jesús rechaza al principio a esta mujer, como si no tuviera tiempo para que esta persona no judía fuera a Él pidiendo su ayuda. Sin embargo, hay otra dinámica en acción. El Señor no trata de destruir su fe; la está desarrollando. No intenta complicar la situación; está extrayendo su fe. Sabe que ella vencerá cualquier barrera en su camino porque su fe es fuerte, y Él quiere alabarla.

Se nos dice que esta mujer es cananea, lo cual significa que quizá fuera adoradora de dioses paganos. A lo mejor estaba desilusionada de esos dioses falsos porque va en busca de Jesús, el único Dios verdadero. Cuando va al Señor, tiene una evaluación exacta de su propia condición espiritual; no exige nada del Señor, sino en lugar de esto clama por misericordia, diciendo: «¡Señor, Hijo de David, ten compasión de mí! Mi hija sufre terriblemente por estar endemoniada» (Mateo 15:22).

Esta madre, como cualquier buena madre, se interesa con desesperación por la condición de su hija que ha caído bajo el poder de espíritus demoníacos. Cómo terminó la hija en esta condición, no lo sabemos. Quizá la participación pagana de su madre hasta ese momento afectó a su hija. Tal vez había demasiados pequeños ídolos y dioses en el hogar, y esos abrieron una puerta al poder demoníaco en la vida de esta niña.

Esto es un recordatorio de que nuestras acciones y creencias tienen una influencia directa sobre nuestros hijos. Vemos demasiado a menudo en nuestra sociedad que crímenes y pecados se pasan de una generación a otra. Por ejemplo, las estadísticas muestran que es mucho más probable que los hijos de padres divorciados terminen divorciándose también. Y es probable que los hijos cuyos padres batallan con el alcoholismo y otras adicciones también batallen con esos mismos problemas. Solo el poder de Dios logra romper esos ciclos de pecado.

Una serie de barreras

Esta madre va a Jesús con su necesidad sincera, arrojándose a su misericordia. Es probable que la reacción de Jesús nos haga creer que era cruel y poco compasivo. Sin embargo, nada pudiera estar más lejos de la verdad. Lo que en realidad sucedía era que Jesús estaba probando la fe de esta mujer poniendo una serie de barreras.

Primera, guarda silencio: «Jesús no le respondió palabra» (v. 23). Algunas veces la respuesta más difícil de aceptar es no tener ninguna respuesta. Aun así, lo que parece ser un rechazo es en realidad una invitación a que siga adelante, a ser persistente y no rendirse.

Los discípulos, no obstante, interpretan que el silencio de su Maestro significa que no quiere que lo molesten, sobre todo considerando que esta mujer está creando un poco de escándalo. Sus discípulos lo alientan, diciéndole: «Despídela, porque viene detrás de nosotros gritando» (v. 23).

«Señor», dicen ellos, «deshazte de esta mujer molesta». Jesús no se deshace de ella, pero la forma en que responde no parece ser tampoco una invitación a que ella permanezca: «No fui enviado sino a las ovejas perdidas del pueblo de Israel» (v. 24).

¡Tras! Se cierra la puerta en el rostro de la madre. Aun así, ella sigue tocando. Se niega a que la desanimen en su búsqueda.

Así que viene y lo adora diciendo: «¡Señor, ayúdame!» (v. 25).

Con todo, Jesús no ha terminado de probar su perseverancia. Responde: «No está bien quitarles el pan a los hijos y echárselo a los perros» (v. 26).

¿Perros? No es con exactitud un elogio. ¡Quizá ahora esta mujer cesará de su búsqueda sin esperanza! Aunque cuando Cristo la llama perra, solo toma lo que le dice y se lo devuelve; como un perro fiel que toma el palo de su amo y lo deja caer a sus pies.

Responde: «Sí, Señor; pero hasta los perros comen las migajas que caen de la mesa de sus amos» (v. 27).

Creo que una sonrisa se dibujó en el rostro de Jesús en ese momento. La fe de la mujer es tan grande que ella sabe que aun un sobrante insignificante del poder de Jesús bastaría para sanar a su hija.

Jesús escuchó lo que quería escuchar. Ahora cambia su comportamiento con ella de forma radical. «¡Mujer, qué grande es tu fe!», le dice. «Que se cumpla lo que quieres» (v. 28).

Al ver esto, los discípulos se quedaron boquiabiertos. Todo este tiempo pensaron que Jesús se deshacía de ella, contestando su petición con un evidente *no*. Entonces, de repente, ¡Él cambia y le dice en esencia a la cananea que podía tener cualquier cosa que quisiera! Le estaba dando un cheque en blanco. ¡Qué declaración! *«Que se cumpla lo que quieres»*.

Lo que desea, desde luego, es la liberación de su hija de la influencia diabólica en su vida, y la obtiene. Es más, su hija se sanó «desde ese mismo momento» (v. 28).

Por lo tanto, ¿qué le dio a esta mujer el derecho a que le dijera tal cosa? ¿Qué la llevó al lugar en el que Jesús le ofreciera un privilegio tan increíble?

Por encima de todo, creo que tuvo que ser su persistencia, su tenacidad, su compromiso. Esta es la clase de fe que necesitamos *nosotros*. Cuando oramos por algo que creemos que está de acuerdo con la voluntad de Dios, no debemos darnos por vencido. Si al principio no tiene éxito, siga pidiendo, siga buscando y siga llamando.

Apasionado y persistente

¿Recuerda la historia que Jesús contó sobre el amigo que vino a medianoche a tocar la puerta de su vecino a pedir pan? Era tarde y el hombre y su familia dormían, ¡por el amor de Dios! Este no era momento de levantarse a buscar unos panes. Sin embargo, Jesús hace esta observación:

> Les digo que, aunque no se levante a darle pan por ser amigo suyo, sí se levantará por su *impertinencia* y le dará cuanto necesite. (Lucas 11:8)

Entonces nuestro Señor nos dice: «Así que yo les digo: Pidan, y se les dará; busquen, y encontrarán; llamen, y se les abrirá la puerta. Porque todo el que pide, recibe; el que busca, encuentra; y al que llama, se le abre» (11:9-10).

A menudo le pedimos algo al Señor en oración una o dos veces y después nos damos por vencido. No obstante, Dios no quiere que tomemos su silencio como una respuesta final; en lugar de eso debemos pedir, buscar y llamar.

El lenguaje de Jesús en este versículo es extraordinariamente convincente porque estos tres verbos indican un orden ascendente en intensidad.

«Pedir» implica nuestra petición de asistencia. Nos damos cuenta de nuestra necesidad y pedimos ayuda. La palabra también implica que debemos ser humildes al presentar nuestra petición.

«Buscar» también denota pedir, pero añade el aspecto de la *acción*. No solo expresamos nuestra necesidad, sino que nos levantamos y buscamos ayuda. Esto involucra esfuerzo; el empuje en oración de buscar las respuestas de Dios, ¡sobre todo en su Palabra!

«Llamar» incluye pedir, tomar medidas, y el aspecto de perseverar, como el vecino que toca a la puerta de su amigo a medianoche.

Dios no quiere que tomemos su silencio como una respuesta final.

Así que utilizar estas palabras juntas es de gran poder, al igual que el tiempo del verbo utilizado en el griego. El significado literal es: *«Continúa pidiendo* y se te dará; *continúa buscando* y encontrarás; *continúa llamando* y la puerta se abrirá».

¡Jesús nos llama a una oración apasionada y persistente!

Al acecho del juez

Cuando Jesús habló de que se debe «orar siempre, sin desanimarse», contó otra historia vívida a fin de hacer que sus discípulos comprendieran el concepto.

> Había en cierto pueblo un juez que no tenía temor de Dios ni consideración de nadie. En el mismo pueblo había una viuda que insistía en pedirle: «Hágame usted justicia contra mi adversario». (Lucas 18:2-3)

Es probable que el juez fuera uno de los hombres que los romanos o el rey Herodes nombraba para tales posiciones; hombres que eran notorios por su corrupción.

La persona que llevó la petición ante este juez era en primer lugar una mujer, significando que tenía poco rango en la cultura de ese tiempo. Además de eso, era viuda, no tenía esposo que la defendiera en el tribunal. Sin un esposo, es probable que fuera también pobre, sin dinero para sobornar al juez. No tenía nada que la respaldara excepto la persistencia con una *P* mayúscula.

Al principio el juez no le prestó atención, pero luego comenzó a pensar.

> Durante algún tiempo él se negó, pero por fin concluyó: «Aunque no temo a Dios ni tengo consideración de nadie, como esta viuda no deja de molestarme, voy a tener que hacerle justicia, no sea que con sus visitas me haga la vida imposible».
> (vv. 4-5)

En otras palabras, esta mujer lo estaba volviendo loco. La palabra griega para el verbo *molestar* es muy sugestivo: la imagen que da es de golpear a alguien hasta que esté amoratado o ponerle un ojo amoratado. Este juez, en esencia, pensaba: *Si no le doy a esta mujer lo que quiere, ¡me va a golpear hasta dejarme amoratado!* Casi parece como si estuviera acechando al juez. No es extraño que decidiera darle lo que quería.

Así que, ¿cuál es el caso? ¿Debemos amenazar a Dios? ¿Necesitamos intimidarlo para lograr que haga lo que queremos?

Vea la lección que Jesús enseña:

> ¿Acaso Dios no hará justicia a sus escogidos, que claman a él día y noche? ¿Se tardará mucho en responderles? Les digo que sí les hará justicia, y sin demora. No obstante, cuando venga el Hijo del

> hombre, ¿encontrará fe en la tierra?
> (vv. 7-8)

Si una pobre viuda obtuvo lo que merecía de un juez avaro, ¡cuánto más recibirán los hijos de Dios lo que es justo de su amoroso Padre celestial!

Piense conmigo ahora en las diferencias entre la situación de la viuda y la nuestra:

1. Esta mujer era una extraña para el juez, pero nosotros vamos ante Dios como sus hijos.
2. Esta viuda no tenía acceso garantizado al juez, pero los hijos de Dios tenemos libre acceso a Él las veinticuatro horas del día, los siete días de la semana. En cualquier momento, «gracias a la sangre de Jesucristo, podemos entrar en el Lugar Santísimo» (Hebreos 10:19, LBD). «Así que acerquémonos confiadamente al trono de la gracia para recibir misericordia y hallar la gracia que nos ayude en el momento que más la necesitemos» (Hebreos 4:16).
3. Esta mujer no tenía un amigo en el tribunal que abogara en su caso, ningún esposo ni abogado que la defendiera, ningún contacto interno en lo absoluto. ¡Todo lo que podía hacer era caminar

> afuera y alrededor del aposento del juez y gritar amenazas! Encontraste, «abogado tenemos para con el Padre, a Jesucristo el justo» (1 Juan 2:1, RV-60). Nosotros *siempre* tenemos un abogado ante Dios, ¡y es el Hijo del Juez!

No solo eso, sino que también tenemos al Espíritu Santo que nos enseña a orar y toma control de nosotros en nuestras oraciones, dándoles energía y dirección, ¡de modo que lleguen, a través de Jesucristo, ante un amoroso Padre celestial que desea con ansias respondernos y bendecirnos!

Es por eso que el Señor quiere que continuemos orando y que no nos desanimemos.

Cualquier cosa que quiera

¿Recuerda cómo Jesús le respondió al fin a la cananea con su hija enferma? ¿Qué pensaría si Dios viniera a usted ahora mismo y dijera: «Yo te daré cualquier cosa que quieras, sin límite; nómbrala y será tuya»? ¿Ha mostrado la clase de perseverancia llena de fe que Él quiere recompensar de esa manera?

Quizá usted, al igual que esta mujer, sabe lo que es tener un hijo bajo la influencia del diablo. Ha rechazado su influencia y la de Dios, al menos por el momento. No se dé por vencido y no sienta que el Señor le ha abandonado o le ha fallado. Continúe orando. Sus hijos quizá escapen de su presencia, pero no de sus oraciones.

Sus hijos quizá escapen de su presencia, pero no de sus oraciones.

Cuando ore, haga su meta descubrir la voluntad de Dios y ore de acuerdo con ella. La oración no es obtener lo que queremos en el cielo, es obtener lo que Dios quiere en la tierra.

¿Qué quiere hoy en verdad? ¿Salvación para su hijo? ¿Para su esposo? ¿Para su amigo? Entonces no deje de orar por cada uno de ellos.

O quizá no es su hijo el que está en problemas, sino usted. Tal vez ya llegó hasta el fondo. No se avergüence de ir al Señor con sus problemas y pedirle su ayuda. Clame a Él. No se desanime. Él está listo a ayudarlo y a perdonarlo, y a comenzar a cambiarlo.

No permita que el diablo susurre en su oído que es demasiado tarde, o peor, que a Dios no le importa. Recuerde que lo que tal vez parezca indiferencia de Dios quizá sea en realidad una barrera que Él quiere que usted sobrepase a través de una lucha en oración persistente y llena de fe.

¡Siga orando!

La oración que tiene poder de «lucha» con Dios es la que se ofrece sin cesar y con fervor. La oración que prevalece con Él es aquella en la que ponemos toda nuestra alma, esforzándonos hacia Él en un deseo intenso y agonizante.

Esto se debe a que hace mucho tiempo Dios prometió que su pueblo lo encontraría cuando lo buscaren con todo su corazón (véase Jeremías 29:13).

Capítulo cuatro

Póngase en línea con la voluntad de Dios

En cierta ocasión, Jesús dio esta increíble promesa de cómo experimentar respuesta a la oración: «Si permanecen en mí y mis palabras permanecen en ustedes, pidan lo que quieran, y se les concederá» (Juan 15:7). Esta promesa también se pudiera traducir así: «Si mantienes una comunión viva conmigo, y mi Palabra está en casa contigo, yo te ordeno que pidas ahora mismo cualquier cosa que tu corazón desee, y será tuya».

Cuando leo este pasaje, voy de inmediato hacia la promesa que está al final. Si pido cualquier cosa que mi corazón desee, será mía. Y entonces leo con más detenimiento lo que Jesús dijo antes de eso; una condición a ser cumplida: «Si mantienes una comunión viva conmigo, y mi Palabra está en casa contigo...».

Quiera lo que Dios quiere

Permanecer de esta manera implica intimidad, cercanía y amistad. Es una imagen de dos amigos que están cómodos en presencia uno del otro. No se molestan entre sí, esperando alejarse. Disfrutan estar juntos y quieren escuchar lo que la otra persona tiene que decir.

Desde luego, esto se debe balancear con un respeto y un temor reverencial apropiados en cuanto a quién es Dios. No debemos volvernos demasiado informales con Él: es el Dios Todopoderoso y se debe venerar, adorar y obedecer. Aun así, también es nuestro Padre celestial que desea mucho escuchar de nosotros y quiere ser nuestro amigo más íntimo y cercano.

De igual manera, cuando Jesús dice que debemos permitir que su Palabra permanezca en nosotros, significa que permitamos que las Escrituras estén como en casa en nuestro corazón.

Por lo tanto, nuestras oraciones no se pueden divorciar de nuestro estilo de vida. Fluyen de un caminar cercano con Dios. Si nuestra vida no es agradable a Dios, la vida de oración eficaz será casi inexistente.

Si eso es lo que está ocurriendo en nuestras vidas, viviendo en comunión con el Señor y permaneciendo como en casa en su Palabra, vamos a querer lo que Él quiere. Él está cambiando nuestro punto de vista, nuestros deseos y, por último, nuestras oraciones. Si permanecemos en Jesús, creceremos hasta el punto de poder sentir de manera «automática» la voluntad de Dios, así que pediremos por esto en nuestras oraciones.

Su oído que escucha

Así que la oración que prevalece con Dios involucra algo más que una terca persistencia. La oración perseverante que es eficaz de verdad siempre nos seguirá llevando a estar más cercanamente en línea con la voluntad de Dios a medida que nos encontramos queriendo cada vez más lo que quiere Él.

El objetivo principal de luchar en oración es poner en línea nuestra voluntad con la voluntad de Dios. Solo cuando hacemos eso veremos más de nuestras oraciones contestadas de manera afirmativa. Nada está fuera del alcance de la oración, excepto lo que está fuera de la voluntad de Dios. El Señor solo contesta las peticiones que Él mismo inspira.

> Nada está fuera del alcance de la oración, excepto lo que está fuera de la voluntad de Dios.

La verdadera lucha en oración no es hacer que Dios se mueva en nuestra dirección; es hacer que usted se mueva en la dirección de Él. No es hacer que Dios se adapte a mi perspectiva y mi actitud, sino que yo me adapte a la suya. Ni siquiera involucra «informar» a Dios de nada, ya que Jesús nos dijo: «Su Padre sabe lo que ustedes necesitan antes de que se lo pidan» (Mateo 6:8).

Como Martín Lutero dijo: «Por nuestras oraciones nos damos instrucciones a nosotros mismos más que a él».

¿Por qué contesta Dios nuestras oraciones? «[Nosotros] recibimos todo lo que le pedimos porque *obedecemos sus mandamientos y hacemos lo que le agrada*» (1 Juan 3:22).

Si da oído a todos los mandamientos de Dios, Él dará oído a todas sus oraciones. Si está de acuerdo con el Señor, Él estará de acuerdo con usted; si no se entrega a Dios, Él no se entregará a usted.

Carlos Spurgeon dijo: «Cuando tiene grandes deseos por cosas celestiales, cuando sus deseos son tales que Dios los aprueba, cuando quiere lo que Dios quiere, tendrá lo que quiera». Esa es la clave: cuando sus deseos son los que aprueba Dios. Haga que su voluntad esté en línea con la de Él.

¿Cómo lo hace? Pase tiempo en la presencia de Dios. Esté como en casa en su Palabra. Estudie la Biblia; permita que entre en su sangre; conózcala bien. Aplique lo que usted lee ahí, y permita que Dios cambie su punto de vista.

Un cheque en blanco de Dios

Regresando de nuevo a la cananea con la hija poseída por un demonio, ¿recuerda cómo Jesús al final le dijo: «Que se cumpla lo que quieres» (Mateo 15:28)? Dios no le ofrece un cheque en blanco como ese a cualquiera. Si solo pensamos en nosotros mismos o lo que nos motiva es la avaricia, no es para nosotros. No obstante, para la persona humilde que no cuestiona la voluntad de Dios sino que se entrega a ella, Dios le ofrece tal posibilidad.

Si tuviera un cheque en blanco de Dios, ¿qué le diría que quiere en verdad?

¿Es la salvación de su hijo, de su esposo o esposa, de un amigo, o aun de su enemigo? Quizá le ha parecido que mientras más ora por ellos, más se alejan de Dios. Es posible que hasta sean antagonistas, que sean amigos de las discusiones, que estén endurecidos en contra de cualquier cosa que diga. Es posible que se pregunte si sus oraciones hacen algún bien.

> Si tuviera un cheque en blanco de Dios, ¿qué le diría que quiere en verdad?

Sin embargo, no se dé por vencido. Continúe pidiendo, buscando, llamando. Usted no sabe cuánto Dios ya está obrando. Quizá los está llevando «hasta el fondo» para que comprendan y pidan su ayuda. Tal vez su antagonismo en realidad sea el resultado de la convicción del Espíritu Santo en su vida. No sabemos.

¿Quiere ver en realidad que un avivamiento espiritual se mueva a través de su país? Persista en oración. No podemos comenzar a imaginarnos cuánto Dios hará en respuesta a tales peticiones.

Recuerde que hay ciertas cosas por las que Satanás no quiere que ore. De cierta manera, no quiere que ore por nada. Aun así, hay algunas cosas que *en verdad* no quiere que ore por ellas.

Satanás no quiere que oremos por avivamiento en nuestro país, pues sabe que eso es lo único que pudiera llevar a nuestro pueblo de regreso a Dios y causar un cambio moral duradero. Y yo dudo que Satanás quiera que usted ore por la salvación de cualquier incrédulo que conozca.

Con respecto a situaciones como esas, es posible que una guerra espiritual ocurra tras bambalinas que va mucho más allá de nuestra capacidad de entendimiento. En un tiempo de gran lucha espiritual en la vida de Daniel, un ángel se le apareció y le dijo al profeta que sus oraciones se escucharon desde el principio, pero que se retrasó de venir a él por tres semanas a causa de una batalla con fuerzas demoníacas que requirieron la ayuda del arcángel Miguel (véase Daniel 10:12-13). Esta asombrosa historia es un recordatorio de que los retrasos de Dios no son necesariamente sus negaciones. Hay tiempos cuando Dios está desarrollando nuestra fe.

Nunca olvide que lo que tal vez parezca insensibilidad de Dios, no es eso de ninguna manera, sino más bien una invitación a acercarnos más a Él a través de la oración persistente en fe.

Venga a gobernar y reinar

Un día, Jesús estaba orando, y cuando terminó, uno de sus discípulos hizo una bella petición: «Señor, enséñanos a orar» (Lucas 11:1).

Jesús contestó al darles la oración modelo; no una simple oración para orar, sino más bien una guía para toda oración, un patrón a seguir. Sin lugar a dudas, es una oración poderosa y es cierto que no es malo orarla de manera textual.

Con todo, es aun de más ayuda como un patrón a tener en mente cuando nos acercamos a Dios, en especial cuando participamos en una lucha en oración. Cuando sentimos el llamado a «orar en serio» a Dios, ese es quizá el momento más importante de recordar las partes fundamentales de lo que Jesús dice que es esencial en el proceso de oración.

Bueno, si Jesús *me* hubiera pedido que escribiera esa oración modelo en lugar de enseñárnosla Él mismo, es posible que comenzara de esta manera: «Padre nuestro que estás en los cielos, danos el pan nuestro de cada día». Ya sabe, directo al grano. Directo a lo que necesitamos. «¿Cómo estás Señor? Es agradable estar contigo. *Ahora bien, esto es lo que yo necesito...*».

Así es cómo oramos a menudo, apresurándonos a la presencia de Dios y yendo a través de nuestra lista de peticiones. Por lo tanto, para ser sinceros, quizá deberíamos decir: «San Nicolás nuestro que estás en el cielo...» o «Máquina expendedora nuestra que estás en el cielo...».

Aunque de acuerdo con el patrón que Jesús nos dio, antes de decir una sola palabra de petición personal, debemos orar para que venga el reino de Dios y se haga su voluntad. Solo entonces le pedimos que nos dé el pan nuestro de cada día.

«Venga tu reino»: eso es lo que Jesús nos dijo que oráramos (v. 2). Esta es una petición en varios niveles con diferentes grados de significado. En primer lugar, es una petición por el regreso de Jesús a esta tierra. La palabra que Jesús utiliza aquí por «reino» no se refiere a un simple territorio geográfico, sino más bien a soberanía y dominio. Cuando oramos: «Venga tu reino», pedimos por el gobierno de Dios sobre la tierra, lo cual en esencia comienza cuando Jesús regresa a la tierra para gobernar y reinar. Es la petición reflejada en la última oración en la Biblia: «¡Ven, Señor Jesús!» (Apocalipsis 22:20).

Y la palabra traducida «ven» indica una venida repentina, instantánea. Estoy orando: «¡Señor, regresa, por favor, y hazlo pronto!». ¿Está su vida ahora mismo en tal condición espiritual que puede orar esto? La respuesta a esa pregunta es un verdadero indicador de dónde está con Dios.

¿Está viva su expectativa del regreso del Señor? La Biblia dice: «Todo el que tiene esta esperanza en Cristo, se purifica a sí mismo, así como él es puro» (1 Juan 3:3). La persona que procura conocer a Dios y camina en santidad con Él tiene toda razón para anhelar su regreso.

Su reino para mí

La oración «Venga tu reino» también es una petición personal. Con esa oración estoy pidiendo que el reino de Dios venga a mi vida. «Dense cuenta», dijo Jesús: «de que el reino de Dios está entre ustedes» (Lucas 17:21). Él se estaba refiriendo a su propia presencia en ese tiempo en particular. El reino de Dios habla del gobierno y reinado presente de Jesucristo.

Con esta oración le digo: «Señor, quiero que tú gobiernes y reines en mi vida. Quiero vivir por tus principios encontrados en tu Palabra. Quiero que tú tengas el control. Te doy la llave maestra a toda habitación en mi vida».

Con todo, sepa esto: No podemos orar «Venga tu reino» hasta que oremos «Váyase mi reino». Así que cuando Jesús dice: «Busquen primeramente el reino de Dios y su justicia» (Mateo 6:33), se refiere a esto: «En todo lo que dices y haces, antes que cualquier otra cosa, busca primero y sobre todo el gobierno y el reinado de Dios en tu vida».

Por lo tanto, cuando oro «Venga tu reino. Hágase tu voluntad» (RV-60), estoy diciendo: «Señor, si las peticiones personales que voy a pedir están de alguna manera fuera de tu voluntad, ¡elimínalas!».

Su reino para otros

La oración «Venga tu reino» también es una oración evangelista. Es una petición por la salvación de los que no conocen al Señor. A medida que su reino gobierna y reina en nuestras propias vidas, podemos tomar parte en llevarlo a otros cuando oramos con ese fin.

No hay duda que la voluntad de Dios incluye que las personas lleguen a creer en Jesucristo. Dios «no quiere que nadie perezca sino que todos se arrepientan» (2 Pedro 3:9).

Jesús mismo modeló esta clase de oración para nosotros. La profecía mesiánica de Isaías nos dice que Cristo «intercedió por los pecadores» (Isaías 53:12). En la cruz, Jesús oró: «Padre, perdónalos, porque no saben lo que hacen» (Lucas 23:34, RV-60).

Un ejemplo extraordinario de oración por no creyentes se muestra en el caso de Esteban en el libro de Hechos. Mientras lo apedreaban por su postura audaz e inflexible a favor de Jesús: «Luego cayó de rodillas y gritó: "¡Señor, no les tomes en cuenta este pecado!" Cuando hubo dicho esto, murió» (Hechos 7:60).

Sabemos que un joven llamado Saulo de Tarso observaba todo esto que ocurría ese día. ¿Es posible que Esteban, inspirado por el Espíritu Santo, estuviera orando en especial por Saulo? Más tarde, cuando Saulo se convirtió, fue tan inesperado que muchos de los cristianos no lo creían. ¿Conoce a alguien ahora mismo que ni siquiera logra imaginarse que se convertiría en cristiano? Comience a orar por esa persona. Nadie está fuera del alcance de la oración ni de la necesidad de salvación.

Pablo mismo habló de la carga de oración que tenía a fin de que los judíos vinieran a Jesús: «Hermanos, el deseo de mi corazón, y mi oración a Dios por los israelitas, es que lleguen a ser salvos» (Romanos 10:1).

Aunque no es bíblico «reclamar» la salvación de alguien (solo Dios sabe si una persona va a creer en verdad y cuándo), es *muy* bíblico orar, y orar mucho, de modo que los incrédulos vengan a Cristo.

Hágase su voluntad

En la oración modelo que Jesús nos dio, la petición: «Venga tu reino» está acompañada de esta: «*Hágase tu voluntad, como en el cielo, así también en la tierra*».

Esta petición tiene también un aspecto personal en ella: «Hágase tu voluntad en mi vida, al igual que lo es en el cielo».

Esta petición incluye además un interés por otros en oración, tanto para creyentes como no creyentes: «Hágase tu voluntad en la vida de *él* y en la vida de ella, al igual que lo es en el cielo».

En lo que se refiere a nuestra disponibilidad de permitir que se haga la voluntad de Dios, la historia de la lucha de Jacob con Dios está llena de instrucción útil. Como prometí antes, es tiempo de analizar este asombroso incidente con más detalles.

Capítulo cinco

Cuando el Señor se convirtió en luchador

La historia de Jacob es la de un hombre que quería la voluntad de Dios para su vida, pero tenía un hábito molesto de querer darle a Dios «un poco de ayuda». Como observamos antes, es evidente que Jacob tenía un corazón inclinado a Dios, pero al mismo tiempo demostraba una tendencia a ser deshonesto y maquinador.

Jacob siempre pensaba que estaba de parte de Dios, pero un día descubrió que en realidad había estado de su propia parte; en lugar de luchar *por* Dios, terminó luchando *con* Dios. Hasta este momento había estado utilizando a Dios en lugar de permitir que Dios lo utilizara a él.

Un hombre común

De muchas maneras, Jacob era muy común, alguien no muy diferente a usted o a mí. No era un hombre muy valiente como Daniel o como Sadrac, Mesac y Abednego. Es más, Jacob era un poco cobarde.

> Una «experiencia con Dios», sin importar cuán impresionante sea, no nos garantiza que nunca caeremos en pecado.

Jacob no era notable por su gran fe como su abuelo Abraham. Tampoco era un hombre de gran integridad como su hijo José, sino más bien a menudo era calculador y taimado. Ya recordará que en su nacimiento le dieron el nombre de Jacob, que significaba «el que agarra el talón, contendiente, suplantador». Esto fue un buen resumen de su vida desde entonces.

El patrón ya estaba establecido cuando, como un joven soltero que se fue de su casa debido a una amenaza de su hermano Esaú, a quien timó, Jacob recibió de Dios una visión de ángeles que subían y descendían por una escalera al cielo, mientras que Dios mismo estaba en lo alto de ella, declarando una promesa de bendecir a Jacob y a sus descendientes y estar con él a dondequiera que fuera. Usted pensaría que esta experiencia cambiaría a Jacob para siempre; no más engaño, no más tratar de ayudar a Dios. Sin embargo, una «experiencia con Dios», sin importar cuán impresionante sea, no nos garantiza que nunca caeremos en pecado. Después que Jacob salió de Canaán y llegó a la tierra de Harán, pronto su engaño y estafa se pusieron en evidencia.

Al final, muchos años más tarde, después que Jacob había adquirido una familia numerosa y vastas riquezas en la forma de ganado, Dios le dijo que regresara a Canaán. Era tiempo de que Jacob se enfrentara a su pasado y a todo el mal cometido. Era tiempo de enfrentarse a Esaú.

Jacob no podía retroceder a este encuentro; no tenía a dónde ir excepto seguir adelante. Y Esaú esperaba por él. El hermano que le timó su primogenitura veinte años antes.

El Señor sabía el temor que estaba en el corazón de Jacob, así que se le presentó de una manera especial.

Con ángeles, pero con miedo

Génesis 32 documenta el encuentro de Jacob con Dios que marca el momento de un cambio radical en la vida de este hombre.

> Jacob también siguió su camino, pero unos ángeles de Dios salieron a su encuentro. Al verlos, exclamó: «¡Éste es el campamento de Dios!» Por eso llamó a ese lugar Majanayin. (Génesis 32:1-2)

La palabra «Majanayin» significa «dos campamentos», y esta palabra para «campamento» significa «multitud» o «ejército». Jacob no solo reconocía que en este lugar estaba su campamento, sino también el campamento de Dios. El Señor le decía: «Tú no estás solo, Jacob. ¡No hay razón para tener temor!».

¿Cuál era la necesidad de Jacob en esta hora? Protección. Así que Dios envió todo un campamento de ángeles para tranquilizarlo.

La provisión de Dios viene a nosotros en el preciso momento que la necesitamos. ¡Él nunca llega demasiado temprano ni demasiado tarde! Dios anticipa nuestra necesidad y provee su gracia cuando la necesitamos. Cualesquiera que sean las circunstancias o la emergencia, estará allí. «Porque Dios ha dicho: "Nunca te dejaré; jamás te abandonaré"» (Hebreos 13:5).

Y entonces llegaron noticias de los mensajeros que iban delante de que Esaú estaba más allá, esperando con cuatrocientos hombres para recibirlo.

«Jacob sintió mucho miedo, y se puso muy angustiado» (Génesis 32:7).

Aquí estaba un ejército de ángeles acampado junto a él, pero Jacob tenía temor y enseguida comenzó a planear y a conspirar cómo seguir adelante. Decidió dividir su familia y su ganado en dos campamentos, diciéndose: «Si Esaú ataca a un grupo, el otro grupo podrá escapar» (v. 8).

Después que Jacob implementó estos planes, le pidió a Dios que los bendijera. Como muchos de nosotros, parecía pensar que «Dios ayuda a los que se ayudan a sí mismos»; una declaración que no solo no se encuentra en la Biblia, sino que no está de acuerdo con las Escrituras en su contenido. Tampoco era cierto para Jacob.

Note qué ora Jacob entonces:

> SEÑOR, Dios de mi abuelo Abraham y de mi padre Isaac, que me dijiste que regresara a mi tierra y a mis familiares, y que me harías prosperar: realmente yo, tu siervo, no soy digno de la bondad y fidelidad con que me has privilegiado. Cuando crucé este río Jordán, no tenía más que mi bastón; pero ahora he llegado a formar dos campamentos. ¡Líbrame del poder de mi hermano Esaú, pues tengo

miedo de que venga a matarme a mí y a las madres y a los niños! (vv. 9-11)

A decir verdad, esta es la primera oración documentada que tenemos de Jacob, aunque en este momento su historia ya ha tomado siete capítulos de Génesis. Nos lleva a preguntarnos si antes Jacob oró alguna vez. Quizá era su falta de oración y, por lo tanto, su falta de dependencia de Dios, que causó que siempre sintiera que él mismo tenía que «hacer que las cosas sucedieran».

Y, sin embargo, hay varios aspectos positivos en esta oración, una oración que Dios escuchó al igual que contestó. Jacob reconoció primero al Dios de su abuelo Abraham y de su padre Isaac como el verdadero Dios. Y confesó su propia indignidad antes de llevar su petición al Señor.

A pesar de todo, aun mientras oraba, es probable que Jacob estuviera planeando su siguiente paso. En cuanto terminó de orar, comenzó de nuevo a trabajar en su propio plan, enviando manadas sucesivas de ganado adelante a fin de apaciguar a Esaú. ¡Jacob no quería correr riesgos!

La noche llegó después que él y su familia llegaron al vado de Jaboc. Jacob ayudó a su familia a cruzar este río, luego él se quedó al otro lado.

Y entonces ocurrió... el encuentro con Dios que cambiaría su vida para siempre.

Dios el luchador

Ahora, todo lo que Jacob poseía estaba esparcido delante de él a través del desierto. Muy atrás, en lo último, estaba Jacob mismo.

Este era el momento para que el mismo Señor se le apareciera a Jacob, ya que era obvio que un ejército de ángeles no era suficiente. Este es un recordatorio de que Dios viene a nosotros en cualquier nivel que nos encuentre para elevarnos a donde Él quiere que estemos. A Abraham, el peregrino, Dios vino como un viajero (véase Génesis 18). Siglos más tarde, en la víspera de la batalla de Jericó, se le apareció a Josué el general como «comandante del ejército del SEÑOR» (Josué 5:14).

Y ahora a Jacob, un hombre que había pasado la mayor parte de su vida luchando con la gente, de una manera figurada, Dios vino como un luchador. Como siglos más tarde reconocería David ante Dios: «Sincero eres con quien es sincero, pero sagaz con el que es tramposo» (Salmo 18:26).

Veamos con más detalles el asombroso encuentro de Jacob:

> Quedándose solo. Entonces un hombre luchó con él hasta el amanecer. Cuando ese hombre se dio cuenta de que no podía vencer a Jacob, lo tocó en la coyuntura de la cadera, y ésta se le dislocó mientras luchaban. Entonces el hombre le dijo:
> —¡Suéltame, que ya está por amanecer!
> —¡No te soltaré hasta que me bendigas! —dijo Jacob.
> —¿Cómo te llamas? —le preguntó el hombre.
> —Me llamo Jacob —respondió.
> Entonces el hombre le dijo:
> —Ya no te llamarás Jacob, sino Israel, porque has luchado con Dios y con los hombres, y has vencido.
> —Y tú, ¿cómo te llamas? —le preguntó Jacob.
> —¿Por qué preguntas cómo me llamo? —le respondió el hombre.
> Y en ese mismo lugar lo bendijo. Jacob llamó a ese lugar Peniel, porque dijo: «He visto a Dios cara a cara, y todavía sigo con vida». (Génesis 32:24-30)

Recuerde de nuevo que este no era un simple ángel, sino el Señor mismo con el cual luchaba

Jacob. Así que llamó el lugar Peniel, que significa «He visto a Dios cara a cara».

Y note que este encuentro solo ocurrió cuando Jacob se quedó «solo». C.H. Mackintosh escribe:

> Ser dejado solo con Dios es la única manera verdadera de llegar a un conocimiento justo acerca de nosotros y de nuestros caminos [...] No importa lo que pudiéramos pensar sobre nosotros mismos, ni tampoco lo que el hombre quizá piense de nosotros, la gran pregunta es: ¿qué piensa Dios de nosotros?

Cuando nos alejamos de todas las distracciones y estamos solos con Dios, podemos obtener un juicio imparcial y adecuado de nosotros. ¿Por qué tenemos a menudo tanto temor a hacer esto?

En lugar de eso, llenamos nuestras vidas de actividades, como Marta, que estaba tan ocupada, en lugar de sentarnos a los pies de Jesús, como María. ¿Ha estado en verdad solo con Dios últimamente?

Déjame cambiarte

Una vez que el Señor tenía a Jacob allí solo, le hizo una pregunta significativa: «¿Cómo te llamas?».

¿Por qué esa pregunta? Porque para contestarla con sinceridad, Jacob tenía que admitir algo. Recuerde el significado del nombre de Jacob. En esencia, el Señor le preguntaba: «¿Vas a continuar viviendo de acuerdo a tu nombre, timando a otros? ¿O admitirás lo que eres y me permitirás cambiarte?».

Esta era una pregunta que solo Jacob contestaría.

Es una pregunta que también Dios nos hace a cada uno de nosotros: «¿Quieres permanecer como has estado? ¿O me permitirás transformar tu vida?»

Hubo una vez un hombre en Jerusalén que estuvo inválido durante treinta y ocho años, un tiempo muy largo. Día tras día esperaba junto a un pequeño estanque de agua llamado Betesda donde a veces ocurrían sanidades angelicales. Jesús vio al hombre acostado allí y le dijo: «¿Quieres quedar sano?».

> «¿Quieres permanecer como has estado? ¿O me permitirás transformar tu vida?»

Pues bien, ¿por qué haría Jesús tal pregunta? ¿No era obvia la respuesta?

No necesariamente. Tan extraño como quizá parezca, hay muchas personas hoy en día que no quieren ayuda. Les gusta el estilo de vida que escogieron, aunque les cause mucho daño. Encuentran cierta comodidad en la oscuridad; se sienten seguros allí. Es como su hogar, como un chiquero para un cerdo.

Hace unos años nuestro pequeño hijo, Jonathan, tenía una pequeña rata como mascota a la que llamó Grommet. Christopher, el hermano mayor de Jonathan, pensó que sería una buena idea construir una pequeña casa para Grommet hecha de palitos de las paletas de helado que cupiera dentro de su jaula.

Cuando se terminó la casa, era preciosa. Hasta tenía pequeñas ventanas y una puerta principal por la que Grommet podía entrar. Los niños pusieron la casa dentro de la jaula, y todos observamos mientras la pequeña rata inspeccionaba su nueva casa y parecía que le gustaba.

Sin embargo, a la mañana siguiente, cuando fuimos a ver cómo a Grommet le iba con la nueva casa, nos asombramos de que se la había comido.

Verá, una rata siempre es una rata, ¡y las ratas no viven en casitas bonitas! Prefieren desagües y sótanos y otros lugares oscuros y sucios. Y en realidad no quieren cambiar.

Lo mismo ocurre con muchas personas. Se endurecen tanto en su pecado que prefieren los caminos oscuros de la muerte y la soledad. «Peque lo suficiente», dijo Oswald Chambers, «y pronto será inconsciente del pecado».

A pesar de eso, no tenemos que permanecer en nuestro pecado. Dios siempre nos ofrece la salida. No nos impondrá su voluntad ni su camino en nuestras vidas. Aun así, nos pregunta: «¿Estás dispuesto a darme el control?».

Podemos escuchar la misma pregunta cuando Jesús dice: «Carguen con mi yugo y aprendan de mí» (Mateo 11:29). Un yugo es un instrumento para dar dirección. Jesús nos dice: «¡Permíteme darte dirección y guiar tu vida! ¿Me dejarás hacer eso?».

No sé en su caso, pero yo siempre estoy dando direcciones cuando otros conducen un auto. En esas raras ocasiones cuando mi esposa conduce y yo soy el pasajero, como cuando me recoge en el aeropuerto, la aconsejo sin cesar: «Cathe, hay una luz allí; aminora la marcha. Necesitas pasarte al carril izquierdo; estamos llegando a nuestra salida…».

Con Dios podemos hacer lo mismo: «Señor, mejor haces esto ahora mismo», o «En realidad no creo que eso sea una buena idea ahí, Dios», y cosas así.

¿Ha visto la pegatina que dice «Dios es mi copiloto»? Siento decirle esto, pero Dios *no quiere* ser su copiloto. ¡Él ni siquiera lo quiere cerca de los controles! Jesús solo quiere *sus* manos en el timón de nuestras vidas. Ni quiere ni necesita que le estemos dando dirección ni seamos su copiloto.

Llorosa rendición

¿Por qué luchó Dios con Jacob? Para llevarlo a una entrega absoluta, reduciéndolo a sentir su inutilidad y dando lugar a que viera la persona pobre, desvalida y débil que era en realidad; y que en tal debilidad estaba su verdadera fortaleza.

Por la misma razón, el Señor le ordenó a Gedeón que redujera su ejército antes de ir a la batalla (véase Jueces 7). Por la misma razón le dijo al gran general sirio Naamán que se quitara la ropa y se zambullera siete veces en el lodoso río Jordán para sanarlo de su lepra (véase 2 Reyes 5). Por la misma razón, Dios a menudo hizo grandes esfuerzos por encontrar instrumentos poco conocidos a fin de obrar a través de ellos, como el pastor de ovejas David o el rudo pescador Pedro.

«Bástate mi gracia», le dijo Dios a Pablo, «porque mi poder se perfecciona en la debilidad»

(2 Corintios 12:9, RV-60). O literalmente: «Mi gracia es suficiente para ti porque el poder está llegando un momento tras otro a toda su energía y a su operación completa en el ámbito de la debilidad».

Quizá eso le está sucediendo a usted ahora mismo, y es por eso que parece que necesita luchar con Dios, ¡cuando en realidad es contra su propia voluntad con la que lucha! Si es así, recuerde que el plan y el propósito de Dios para su vida son mucho mejores que cualquier cosa que quizá soñara o planeara usted mismo.

Jacob se rindió a Dios. «Lloró y le rogó» (Oseas 12:4). En lugar de pelear contra el Señor, rogó con lágrimas por su bendición. Dios lo llevó de un taimado a que se aferrara a Él, de resistir a descansar. Ahora a Jacob lo llevaron al fin de sus recursos, por doloroso que fuera.

> En lugar de pelear contra el Señor, Jacob rogó con lágrimas por su bendición.

Y después de la entrega, a Jacob se le dio un nuevo nombre: Israel. Los eruditos difieren en cuanto al significado de este nombre. Algunas de las diferentes interpretaciones son: aquel que

Dios ordena, que Dios gobierne, uno que lucha victoriosamente con Dios, un príncipe con Dios y peleador de Dios.

Cualquier cosa que signifique el nombre, es claro que ocurrió una entrega total en la vida de Jacob: una rendición a Dios y a su voluntad para él. Dios decía: «Ya no eres "el que agarra el talón" ni "el suplantador". En lugar de eso, eres alguien marcado y nombrado por mí. Un príncipe conmigo, un luchador conmigo».

¡La pérdida de Jacob en esta lucha fue también su victoria! Ganó perdiendo y entonces pudo seguir adelante con una nueva firmeza mientras caminaba en la fortaleza de Dios, en la voluntad de Dios y en el tiempo de Dios.

Esto es precisamente lo que Jesús quiso dar a entender cuando dijo: «Porque el que quiera salvar su vida, la perderá; pero el que pierda su vida por mi causa, la encontrará» (Mateo 16:25).

Cuando terminó esta lucha, Jacob dijo: «He visto a Dios cara a cara». El rostro de Dios siempre cambia a los Jacob en Israel, a los acaparadores a recibidores. También nos cambia a usted y a mí. «Así, todos nosotros, que con el rostro descubierto reflejamos como en un espejo la gloria del Señor, *somos transformados* a su semejanza con más y más gloria por la acción del Señor, que es el Espíritu»

(2 Corintios 3:18). Cuando pasamos tiempo a solas con Dios y vemos su rostro, siempre nos transformaremos y prepararemos para lo que aguarda más adelante.

Capítulo seis

Analice su actitud

Después de esta lucha con Dios, Jacob se maravilló: «He visto a Dios cara a cara, y todavía sigo con vida» (Génesis 32:30). Aunque Jacob fue compañero de lucha con el Señor mismo, aún estaba anonadado por la santidad impresionante y majestuosa de Dios. No podía comenzar a comprender cómo un hombre fuera capaz de luchar con un Dios como Él y no morir enseguida.

¿Recuerda en la oración modelo cómo nos enseñó Jesús a orar: «Padre nuestro que estás en los cielos, *santificado sea tu nombre*»? En este modelo para toda oración, Jesús nos muestra que en nuestro acercamiento inicial a nuestro Padre, debemos antes contemplar su santidad, su majestad y su gloria.

Una vez que ora con sinceridad «Santificado sea tu nombre», es imposible que no cambie de actitud. Y esta tiene muchísima importancia en cualquier oración, sobre todo en la oración de lucha donde hay tanto en juego. La actitud puede hacer o deshacer una oración. Uno puede orar con toda la persistencia en el mundo, pero si nuestro corazón no está a bien con Dios, su persistencia no servirá de nada. La actitud lo es todo en una oración eficaz, y su actitud es inseparable de cómo ve a Dios.

Así que al luchar en oración, su primer movimiento es hacerlo con la grandeza de Dios: asirse de ella, comprenderla y apoderarse de ella en su mente y en su corazón.

Dios más grande, problemas más pequeños

Esta palabra «santificado» significa «separado», al igual que pudiera tener unos cubiertos especiales de plata que separa solo para usarlos en ocasiones especiales. Cuando oramos «Santificado sea tu nombre», decimos: «Señor, separa tu nombre. Tú eres impresionante, glorioso y maravilloso más allá de cualquiera o de cualquier otra cosa».

Espere antes de hacer sus peticiones. Solo contemple a Dios. Cuando lo hace, ocurre esto: De repente, sus necesidades y sus problemas comienzan a empequeñecer, no porque en realidad reduzcan su tamaño, sino porque usted comienza a darse cuenta de cuán grande es Dios en comparación. Antes estaba tan estresado porque pensaba en lo grande que era su problema y se olvidaba de cuán grande es Dios. No veía las cosas en una perspectiva real.

Mientras más recordamos lo grande que es Dios, más pequeños parecerán nuestros problemas en comparación. Las Escrituras nos preguntan: «¿Acaso hay algo imposible para el SEÑOR?» (Génesis 18:14). Desde luego que no.

Orar de esta manera significa que yo separo a Dios como el primero en mi vida, por encima de cualquier otra cosa, como Señor sobre todo. Puesto que si Él no es Señor *de* todo, no es Señor *en* absoluto.

En cierta ocasión, Jesús le pidió a alguien que lo siguiera, y esa persona respondió: «Señor, *déjame que primero* vaya y entierre a mi padre». Jesús no estaba de acuerdo con esos términos. Luego otra persona le dijo: «Te seguiré, Señor; pero *déjame que me despida primero* de los que están en mi casa». Una vez más, Jesús no lo aprobó (Lucas 9:59-62, RV-60). El problema con estas personas es que cada una dijo: «Señor... *primero yo*». Eso es una contradicción, como si dijéramos «una imitación genuina» o «quemado en el congelador». En realidad, uno no puede llamar a Jesús «Señor» y al mismo tiempo decir: «Primero yo».

> Mientras más recordamos lo grande que es Dios, más pequeños parecerán nuestros problemas en comparación.

Decir con sinceridad «Santificado sea tu nombre» significa que en mi vida y en mi carácter quiero poner al Señor por encima de todo lo demás. Por lo tanto, debo hacerme esta pregunta en todos mis intereses, actividades, ambiciones y búsquedas. ¿Es esto para la gloria de Dios? ¿Puedo escribir «Santificado sea tu nombre» sobre todo esto?

¿Qué acerca de la carrera que escogí, los amigos, los programas de televisión y las películas que veo, y la música que escucho? ¿Puedo escribir «Santificado sea tu nombre» sobre todo esto?

Si no es así, tengo que hacer de inmediato algunos ajustes en mi vida.

La postura del corazón

La actitud adecuada es más que ponerse de rodillas o postrarse ente Dios, aunque no hay duda que hacer eso algunas veces puede ayudarlo a ser más consciente de dónde está usted mientras va ante nuestro Dios santo. Con todo, hay más acerca de esto que postura.

Oí hablar de tres ministros que debatían la postura más provechosa en la oración. Mientras conversaban, un reparador de teléfonos trabajaba en el sistema telefónico en el fondo.

Un ministro dijo que sentía que la clave estaba en las manos; siempre las sostenía juntas y señalando al cielo como una forma de adoración simbólica, y que eso en verdad lo ayudaba a orar con más enfoque.

El segundo sugirió que la más sincera oración siempre surgía cuando uno estaba de rodillas.

El tercer ministro sugirió que los otros dos estaban equivocados; la única posición que valía la pena era la de postrarse rostro en tierra. Eso *en verdad* traía intensidad a sus oraciones.

Para este momento el reparador de teléfonos no podía mantenerse fuera de la conversación. Dijo: «La oración más poderosa que jamás he hecho fue mientras estaba colgado de mis talones encima de un poste eléctrico de quince metros de altura».

Sí, es probable que eso también diera resultado.

No es nuestra postura física, sino la postura del corazón lo que en realidad le interesa a Dios. «Porque el Señor no mira lo que mira el hombre; pues el hombre mira lo que está delante de sus ojos, pero el Señor mira el corazón» (1 Samuel 16:7, RV-60). Y nuestras oraciones sin duda revelan cuál es en verdad la postura de nuestro corazón.

Dos hombres en oración

¿Ha estado alguna vez viendo una película y sintió que sabía cómo iba a terminar, cuál de los hombres se quedaría con la chica, o quién era el hombre malo, pero entonces la historia tiene un cambio y llega a un final inesperado?

Este fue el caso con una parábola que Jesús contó sobre dos hombres orando. La historia comenzó de esta manera: «Dos hombres subieron al templo a orar; uno era fariseo, y el otro, recaudador de impuestos» (Lucas 18:10).

Cuando Jesús dijo estas palabras, creo que sus oyentes decidieron enseguida quién era el héroe y quién era el villano en esta historia. Dado el ambiente cultural en el cual se desarrollaba la historia, sin duda el fariseo terminaría siendo el bueno y el publicano sería el malo.

Ahora bien, esto es difícil de comprender para nosotros hoy en día porque hemos añadido un significado adicional a la palabra fariseo, y por lo general pensamos en esto desde un punto de vista negativo. No obstante, en los tiempos de Jesús era diferente. Los fariseos se estimaban como grandes hombres de honor, hombres que se entregaban al estudio de las Escrituras y a seguir a Dios y a obedecer su ley de la mejor manera posible, mucho más de lo que harían las personas comunes y corrientes.

Sin embargo, a las personas de aquel entonces no les gustaban los recaudadores de impuestos más de lo que nos gustan hoy en día, y es probable que mucho menos. En esos tiempos les cobraban a las personas demasiados impuestos, al igual que hoy en día, solo que era peor entonces porque el cobrador añadía su propio cargo a lo que ya cobraba para Roma. No solo eso, sino que era algo así como un traidor: un judío trabajando para los odiados romanos, cobrando impuestos de compatriotas judíos para el beneficio de los extranjeros que los ocupaban.

Así que cuando Jesús comenzó su historia, sería como nosotros decir hoy en día: «Un ministro y un narcotraficante fueron a la iglesia a orar». O «La madre Teresa y Adolfo Hitler fueron a la iglesia a orar». O Billy Graham y

Marilyn Manson. Escuchándolo de esa manera, en su mente identifica de inmediato al bueno y al malo, y piensa: *Dios sin duda escuchará la oración de Billy Graham antes que la de Marilyn Manson.* ¿Y por qué Dios debería hacer eso? ¿Es porque Billy Graham es un gran evangelista? No, sería porque Billy Graham viene a Dios de la misma manera que usted y yo, a través de la sangre de Jesucristo. Billy Graham tiene el mismo acceso a Dios que el que usted y yo tenemos.

Regresemos a la historia. Vamos a ver cómo ora el «héroe»:

El fariseo se puso a orar consigo mismo: «Oh Dios, te doy gracias porque no soy como otros hombres —ladrones, malhechores, adúlteros— ni mucho menos como ese recaudador de impuestos. Ayuno dos veces a la semana y doy la décima parte de todo lo que recibo». (v. 11-12)

> Muchas personas dicen sus oraciones con regularidad y, sin embargo, nunca oran en realidad.

Note primero esas dos pequeñas palabras que Jesús incluye: este hombre estaba orando «consigo mismo». Una traducción literal de esto sería:

«oraba *a* sí mismo». ¿Sabía que es posible orar a uno mismo? Si no hay consideración de Dios en su oración, está en esencia orando para sí mismo y sus oraciones no van a ninguna parte. Muchas personas dicen sus oraciones con regularidad y, sin embargo, nunca oran en realidad porque su corazón no está a bien con Dios. Eso es lo que le sucedía con este fariseo.

En este momento, es bueno volver la vista atrás a fin de entender por qué Jesús narraba esta historia: «A algunos que, *confiando en sí mismos*, se creían justos y que despreciaban a los demás, Jesús les contó esta parábola» (v. 9). Este era la raíz del problema del fariseo: confiar en sí mismo.

Aunque, no malinterpretemos las cosas. Jesús no criticó al fariseo por ayunar dos veces a la semana y dar el diez por ciento de todo lo que tenía. Esas eran en realidad cosas loables.

A decir verdad, este individuo en particular iba más allá de lo que exigía la ley. Era común para un hombre dar un diezmo de sus cosechas, pero este fariseo hizo más que eso: lo diezmaba todo. ¿Deberíamos criticarlo por eso cuando nosotros mismos pocas veces damos el diezmo de al menos una parte de lo que poseemos? ¿O deberíamos criticarlo porque ayunaba dos veces a la semana cuando nosotros mismos no ayunamos ni siquiera una vez al mes ni una vez al año? Nos defendemos diciendo que ahora vivimos bajo la gracia y no la ley, que estamos bajo el Nuevo Pacto, no el Antiguo Pacto. Sin embargo, tener un entendimiento apropiado del Nuevo Pacto significa que usted dará más de lo que daría bajo la ley, no menos; que ayunaría y oraría más de lo que haría bajo la ley, no menos.

La observación que hacía Jesús no era que el fariseo estaba equivocado en hacer esas cosas, sino en que él confiaba en lo que hacía, confiaba en sí mismo.

Nosotros podemos hacer lo mismo. Pensamos: *Dios va a escucharme porque fui a la iglesia este domingo; eso tiene que significar algo para Él.* O: *Sin duda, Dios me va a escuchar porque pasé mucho tiempo en el estudio personal de la Biblia esta mañana o porque le hablé del evangelio a alguien la semana pasada o porque en los últimos tiempos he estado ayudando a muchas otras personas; o hasta porque he estado luchando con tanta intensidad en oración.*

No, Dios lo escuchará hoy y cada día solo porque va a Él a través de Jesucristo, a través de su sangre derramada, y no por ninguna otra razón. Él escucha nuestras oraciones debido al sacrificio de Jesús.

Perdido y valioso

El fariseo no solo oraba confiado en sí mismo, sino que parece que lo hacía en voz alta para que todo el que lo rodeaba lo escuchara y se impresionara.

Y note en especial la actitud que demostró hacia el recaudador de impuestos: «Te doy gracias porque no soy [...] como ese recaudador de impuestos». Las palabras parecen estar llenas de desprecio. Verá, cuando Jesús contó esta historia, es probable que la mayoría de las personas que lo escuchaban sintieran lo mismo hacia los cobradores de impuestos. Es una actitud que muchos de nosotros tenemos hacia los que no son cristianos.

Me preocupa cuando escucho a creyentes hablar de los no creyentes como si fueran el enemigo. Según las Escrituras, Satanás ha tomado cautivo a los que no creen a fin de hacer su voluntad; son prisioneros de guerra. Los no creyentes no son el enemigo; son los cautivos del enemigo. Y no hace mucho tiempo se encontraba allí en prisión con ellos, atado por su pecado y sin el Salvador.

Necesitamos tener compasión por los no creyentes, no condescendencia, debido a que nunca va a testificar de su fe con eficacia a otras personas si antes no se interesa por ellas.

El recaudador de impuestos en la historia era en verdad malo. Con todo, él también necesitaba al Salvador.

¿Recuerda cómo Jesús trató a otro recaudador llamado Zaqueo? Sabemos que Zaqueo se enriqueció de la miseria de otros. No obstante, cuando Jesús (en Lucas 19) caminaba por el pueblo y vio a este hombre subido en un árbol, se detuvo, miró hacia arriba y dijo: «Zaqueo, bájate; ¡vamos a comer juntos!».

¿Puede imaginarse el asombro que sintió Zaqueo? ¿Y el asombro que sintió toda la gente en la calle que escuchó a Jesús decir esto? Es probable que hubieran aplaudido si Jesús, al ver a Zaqueo allá arriba, hubiera gritado: «Oigan, todos, ¡vamos a prenderle fuego a este árbol!».

Sin embargo, Jesús tuvo compasión. Enseguida lo criticaron por eso, pero Él dijo: «El Hijo del hombre vino a buscar y a salvar lo que se había perdido» (Lucas 19:10).

Los perdidos tienen valor para Dios. Se crearon de una manera única a su imagen. Él los ama lo suficiente como para enviar a su propio Hijo a morir en la cruz por ellos. No necesitamos ver a esas personas de la manera en que las vería el fariseo, sino a la manera de Jesús: como ovejas sin pastor.

Yo, el pecador

Ahora veamos en detalles al malo, al recaudador de impuestos. ¡Qué contraste!

> En cambio, el recaudador de impuestos, que se había quedado a cierta distancia, ni siquiera se atrevía a alzar la vista al cielo, sino que se golpeaba el pecho y decía: «¡Oh Dios, ten compasión de mí, que soy pecador!». (18:13)

En lugar de anunciar sus virtudes como lo hizo el fariseo, este hombre confesó sus pecados. No deseaba compararse con el fariseo ni con nadie más. Sabía que se quedaba muy corto en alcanzar las normas de Dios, y asumió toda la responsabilidad por sus actos. No creó excusas; no podía echarle la culpa a otro.

Oró la única y verdadera oración de un pecador documentada en la Biblia: «¡Oh Dios, ten compasión de mí, que soy pecador!». La frase que utilizó, «soy pecador», también se puede traducir: «yo, el pecador». No solo uno de muchos pecadores, ¡sino el pecador! Sin duda, este recaudador de impuesto se destacaba por su maldad.

El apóstol Pablo hizo una declaración similar cuando escribió: «Cristo Jesús vino al mundo a salvar a los pecadores, *de los cuales yo soy el primero*» (1 Timoteo 1:15). Eso nos lleva a un punto interesante: Mientras más cerca está de Dios y más se vuelve como Jesús, *más consciente se vuelve de su naturaleza pecadora.*

Lo cual significa que mientras más critica a otros, menos espiritual es en realidad. Y mientras más espiritual es, menos crítico será porque se da cuenta en verdad que no es mejor, y es probable que peor, que quienes lo rodean.

Los hombres y mujeres piadosos a los que he tenido el privilegio de conocer a través de los años siempre han sido humildes, no engreídos. Muéstreme una persona que siempre tiene una palabra de crítica para otra persona, que no deja de criticar esto o lo otro sobre los demás, y yo le mostraré a alguien lleno de orgullo fariseo.

Jesús recalcó alto y claro esta idea concerniente al recaudador de impuestos:

> Les digo que este, y no aquel, volvió a su casa justificado ante Dios. Pues todo el que a sí mismo se enaltece será humillado, y el que se humilla será enaltecido. (Lucas 18:14)

En la lucha de oración, no debemos olvidar que la manera de acercarse a Dios que elogia

Cristo es el camino de la humildad tomado por este recaudador de impuestos: «¡Oh Dios, ten compasión de mí, que soy pecador!».

Humíllese bajo la poderosa mano de Dios, y entonces, aun en el cuadrilátero de la lucha, Él lo levantará.

Capítulo siete

Todo es sobre la relación

Para este capítulo final que trata de la lucha con Dios, quiero que vayamos de nuevo a lo primero que Jesús dijo en la oración modelo que nos dio. Jesús nos dijo que comenzáramos diciendo «Padre nuestro...».

Bueno, ese es un comienzo muy digno de atención. Considerar a Dios de una manera tan íntima como nuestro Padre fue un pensamiento revolucionario para la mente judía. Los judíos temían a Dios y le atribuían algo tan sagrado a su nombre que ni siquiera lo mencionarían en voz alta. Es por eso que cuando Jesús se refirió a Dios como su Padre, lo acusaron de blasfemia. Y ahora, debido a su muerte en la cruz, nosotros también podemos llamar a Dios nuestro Padre.

Es cierto que a Dios hay que reverenciarlo. Es todopoderoso, omnisciente y omnipresente. No ignora nada, tiene poder ilimitado y el tiempo y el espacio no lo restringen. Es absolutamente justo y santo.

¡Y este mismo Dios santo e impresionante es *nuestro Padre*! Él no es inaccesible, indiferente, ni abstraído. Más bien quiere disfrutar de una intimidad con cada uno de nosotros, sus hijos. Como nuestro Padre, es del todo justo, bueno y amoroso. Sus decisiones y sus propósitos para nuestra vida siempre son los buenos, justos, apropiados y siempre son motivados por una bondad pura y un amor profundo y permanente por nosotros.

Cuando mi hijo mayor, Christopher, era un niño pequeño, lo llevaba a tiendas de juguetes que a ambos nos gustaba visitar. Nunca era muy difícil para mí decidir qué juguetes les gustarían a él o a su hermano menor, Jonathan; solo escogía los que, en lo particular, disfrutaba jugar. Creo que de algunas maneras aún soy un niño de corazón.

En esas ocasiones cuando Christopher y yo visitábamos la tienda de juguetes, decía: «Adelante, hijo, escoge algo para ti». Es probable que él se detuviera a mirar un muñeco de acción barato, mientras yo observaba el tanque operado por baterías que conduciría el muñeco de acción.

Él me decía su elección y entonces le señalaba el tanque y decía: «¡Quizá este sería más divertido!». Y el juguete más grande era el que comprábamos. Sé que quizá lo estuviera mimando, pero me encantaba hacer cosas inesperadas como esas para él. Y, al final, cuando visitábamos tiendas de juguetes y yo le decía que escogiera algo, me respondía con sabiduría: «Papá, ¿por qué no lo escoges por mí?». Christopher llegó a darse cuenta que mis elecciones para él eran mejores que las que él escogía por sí mismo.

Eso también es cierto con nuestro Padre celestial. No tenga temor de decirle: «¡Señor, escoge tú por mí!».

Después de todo, el Padre sabe mejor.

¡El hecho de que pudiéramos tener el privilegio de incluso acercarnos a Dios de esta manera es asombroso! ¿Qué otra cosa podemos decir ante tal revelación que «¡Santificado sea tu nombre!»? Y para nosotros ser llamados sus hijos significa que nuestra lucha en oración siempre debe llevarnos a crecer en nuestra relación con Él como nuestro Padre.

Todo el derecho

¿Qué derecho tenemos de acercarnos a Dios Todopoderoso con nuestras necesidades humanas?

¡Tenemos todo el derecho porque Jesús nos dijo que lo hiciéramos! Más adelante, en la oración modelo, nos enseña a orar: «El pan nuestro de cada día, dánoslo hoy» (Mateo 6:11, RV-60). Es así de íntimo que Dios quiere estar involucrado con nosotros.

¿Por qué Dios se interesaría por lo que nos interesa? ¿Por qué se interesaría en mis necesidades y mis deseos? ¿Por qué se comprometería personalmente a proveerme mi pan de cada día?

Se pudieran citar muchas razones, pero la más notable sería sencillamente que lo ama a usted y me ama a mí. Al igual que un padre terrenal le encanta darles regalos a sus hijos, así hace nuestro Padre celestial.

Pedir nuestro pan de cada día no solo es decirle nuestras necesidades; también es una afirmación de que todo lo que tenemos al fin y al cabo viene de Él. «Toda buena dádiva y todo don perfecto desciende de lo alto, del Padre de las luces» (Santiago 1:17, RV-60).

El Dios Todopoderoso se ha comprometido en persona a satisfacer las necesidades de sus hijos. «El que no escatimó ni a su propio Hijo, sino que lo entregó por todos nosotros, ¿cómo no habrá de darnos generosamente, junto con él, todas las cosas?» (Romanos 8:32). Así que, desde luego, lleve sus necesidades y peticiones personales a Dios.

Y cuando lo hace, sobre todo en la lucha de oración cuando quizá se mueve adelante en fe pidiendo algo más grande que lo que haya pedido antes, recuerde examinar sus motivos. Los motivos equivocados impiden que recibamos los regalos de Dios. «Y cuando piden, no reciben porque piden con malas intenciones, para satisfacer sus propias pasiones» (Santiago 4:3).

Es posible que estemos orando: «¡Señor, úsame!», ¿pero por qué hacemos esa oración? ¿Es en verdad para su gloria o para la nuestra? ¿Nos vemos en el escenario, rodeados de personas que vinieron a escucharnos enseñar o predicar o cantar? ¿Queremos escuchar a otros mencionando nuestro nombre?

O quizá nuestro motivo detrás de tal petición es un simple deseo por nuestra propia facilidad y comodidad, aun a costo de lo que es mejor para quienes nos rodean. Si esa manera de pensar está finalmente en la raíz de su petición, no espere que Dios esté de acuerdo con ella.

La parte más difícil

Cuando en verdad luchamos en oración, moviéndonos adelante en nuestra relación como un hijo de Dios nuestro Padre, al final debemos llegar al momento de reconocer nuestra naturaleza pecadora y permitir que Dios lidie con ella por su gracia y perdón; un proceso que también requiere que perdonemos a otros.

¡Es muy probable que esta sea la parte de la oración donde batalla más!

Algunos cristianos piensan que no necesitan perdón ahora que son salvos. Sin embargo, de acuerdo la oración modelo que nos dio Jesús, es algo que debemos estar pidiendo con regularidad: «Y perdónanos nuestras deudas, así como también nosotros perdonamos a nuestros deudores» (Mateo 6:12, RV-60). O como se expresa en Lucas: «Perdónanos nuestros pecados, porque también nosotros perdonamos a todos los que nos ofenden» (Lucas 11:4). Esto cubre nuestros pecados, nuestras transgresiones, nuestros defectos, nuestros resentimientos, todas las cosas malas que hemos hecho.

«Si afirmamos que no tenemos pecado», nos dice Juan, «nos engañamos a nosotros mismos y no tenemos la verdad» (1 Juan 1:8). Quienes no ven la constante necesidad de una limpieza sistemática no están pasando mucho tiempo en la presencia de Dios, pues mientras más contemplamos la santidad de Dios, más veremos nuestra propia naturaleza pecadora.

Es interesante ver cómo Pablo se veía a sí mismo a través de sus escritos. Fue desde describirse como «el más insignificante de los apóstoles» en 1 Corintios 15:9, «el más insignificante de todos los santos» en Efesios 3:8, hasta el primero de los pecadores en 1 Timoteo 1:15. ¡He aquí el crecimiento espiritual! Mientras más grande el santo, más grande la conciencia de pecado dentro de él.

No importa qué tan intensas o fervientes o largas quizá sean sus oraciones, si tiene pecado en su vida sin confesar, sus oraciones no van a ninguna parte en realidad. «Si en mi corazón hubiera yo abrigado maldad, el Señor no me habría escuchado» (Salmo 66:18). Es posible que sea algún pecado en su pasado que ha permanecido sin juicio y no se ha confesado. Dios no puede perdonar el pecado que usted no confiesa.

O es probable que sea algo que está haciendo ahora que no considera pecado, pero Dios tiene un punto de vista diferente en cuanto a esto. Es bueno orar del mismo modo que David:

Examíname, oh Dios, y sondea mi corazón;
ponme a prueba y sondea mis pensamientos.
Fíjate si voy por mal camino,
y guíame por el camino eterno.
(Salmo 139:23-24)

La prueba del perdón

Mientras busca el perdón de Dios, también debe perdonar a otros. Este aspecto de la enseñanza de Cristo es muy importante y a menudo se pasa por alto. ¡La «prueba» de que a usted y a mí nos han perdonado y que hemos aceptado ese perdón es que *nosotros perdonamos a otros*! El hombre que se sabe perdonado necesita estar dispuesto a extender perdón a los que le hicieron daño a *él*.

> El perdón es la clave para las relaciones saludables, fuertes y duradera.

De muchas maneras, el perdón es la clave para todas las relaciones saludables, fuertes y duraderas. Debido a que somos personas con defectos, *pecaremos*. Nos vamos a herir unos a otros, ya bien sea a propósito o sin intención. Los esposos ofenderán a sus esposas, y viceversa. Los padres herirán a sus hijos, y estos los harán a sus padres. Los miembros de la familia se molestarán unos a otros, los vecinos ofenderán entre sí y los amigos herirán a sus amigos. Es por eso que necesitamos aprender a perdonar.

Cuando no hay perdón, se desarrolla una «raíz amarga» (Hebreos 12:15), y cuando una raíz amarga se afianza, ese es el fin de la relación.

A nuestra sociedad hoy en día no le gusta el perdón. Exaltamos la venganza y la violencia en su lugar. Si alguien se cambia de repente a su carril delante de usted en la autopista, acelere, páselo y cambie al carril de *él* enseguida para vengarse. Si su vecino lo molesta, ¡demándelo! Leí una historia real de una niñita de tres años de edad llamada Nina que jugaba en un cajón de arena cuando otro niño de tres años de edad, Jonathan, corrió y le dio una patada. La madre de Nina regañó con severidad a este niño. La madre de Jonathan le gritó a la madre de Nina. Así que la madre de Nina demandó a la madre de Jonathan e hizo que le pusieran una orden de restricción de acceso.

En cambio, Jesús nos está diciendo que como personas perdonadas, debemos perdonar a otras personas. Nuestro perdón generoso y constante a otros debe ser nuestro resultado natural por abrazar el perdón que nos otorgó Dios. Pablo nos dice: «Sean bondadosos y compasivos unos con otros, y perdónense mutuamente, así como Dios los perdonó a ustedes en Cristo» (Efesios 4:32).

¿Cómo hacemos lo imposible?

Quizá ya se da cuenta de esto: ya sabe que debe perdonar, ¡pero a la verdad esto es muy difícil! Hay alguien que necesita perdonar en su corazón, pero hacerlo es la batalla mayor que enfrentará mientras lucha en oración. ¿Cómo sería posible que logremos perdonar a otros como Cristo nos perdonó a nosotros?

Solo con la ayuda del Espíritu Santo.

Aun así, nosotros debemos dar ese primer paso. No espere a sentir los deseos de hacerlo. Sencillamente hágalo.

En su libro *El Refugio Secreto*, Corrie ten Boom habla sobre la vez que habló en un culto de una iglesia en Alemania, donde después del mismo se le acercó un hombre al que reconoció de inmediato. Era uno de los soldados nazis que estuvo de guardia en la puerta de las duchas cuando a ella y su hermana las llevaron a un campo de concentración alemán. De repente, su mente se le llenó de recuerdos de este hombre y otros que se burlaban de ella y de su hermana y de las otras prisioneras desnudas.

Con su mano extendida, el ex guardia le dio las gracias por su mensaje acerca de que Cristo lava nuestros pecados. Sin embargo, ella se negaba a devolverle el saludo.

> Y yo, que tantas veces les prediqué a las personas la necesidad del perdón, me negué a darle la mano. Aun mientras los pensamientos de venganza y de ira bullían en mi corazón, me di cuenta que eran pecado.
>
> Jesucristo murió por este hombre; ¿iba yo a pedir más? *Señor Jesús*, dije orando, *perdóname y ayúdame a perdonarlo.* Procuré esbozar una sonrisa; luché por extenderle mi mano. No podía. No sentía nada, ni lo más mínimo de cordialidad o piedad. Y de nuevo pronuncié en silencio una oración. *Jesús, no puedo perdonarlo. Dame tu perdón.*
>
> Y al estrecharle la mano ocurrió lo más increíble. Desde el hombro, a través del brazo y por la mano parecía pasar una corriente de mí a él, mientras que en mi corazón nacía para este extraño un amor que me sobrecogía.
>
> Y entonces descubrí que la sanidad del mundo no depende de nuestro

perdón ni tampoco de nuestra bondad, sino del perdón y la bondad de Dios.

Después de luchar, descanse

Al final, recuerde que su relación con Dios su Padre celestial no es ante todo una de lucha, sino de descanso.

Regocíjese y relájese en la increíble verdad de que como «hemos sido justificados mediante la fe, tenemos paz con Dios por medio de nuestro Señor Jesucristo» (Romanos 5:1). Esta paz es verdadera paz, algo que tenemos y podemos disfrutar ahora.

Recuerde lo que también dijo Corrie ten Boom: «¡No luche, solo póngase cómodo!».

Sí, es cierto que algunas veces pasamos a través de períodos de una profunda batalla espiritual antes de poder atravesar a una nueva y más profunda conciencia y deleite de Dios. Y lo aliento a seguir adelante con audacia y confianza hacia esos tiempos y temporadas de batalla espiritual, teniendo la total intención de extraer todo lo posible de ellos y aprender al máximo.

Sin embargo, el avance tiene que venir. No permita que la batalla lo mantenga cargado de pesadumbre. «Vengan a mí», dice Jesús, «todos ustedes que están cansados y agobiados, y yo les daré *descanso*» (Mateo 11:28). Esa invitación está siempre a nuestro alcance.

Mientras tanto, lo animo en especial a estar comprometido a luchar en oración perseverante por la salvación de los no creyentes a su alrededor.

Con la certeza de que el Señor «no quiere que nadie perezca sino que todos se arrepientan» (2 Pedro 3:9), Jorge Muller comenzó desde joven a orar todos los días por la conversión de un amigo y se mantuvo orando con persistencia. Casi al final de su vida escribió: «He estado orando por sesenta y tres años y ocho meses por la conversión de un hombre. Aún no se ha convertido, ¡pero lo será! ¿Cómo va a ser de otra manera? Existe la inmutable promesa del Señor y en eso yo descanso».

Cuando murió Jorge Muller, este hombre aún era inconverso, pero antes que enterraran a Muller, ¡su amigo se convirtió! Dios contestó la oración perseverante de Muller, y él también contestará la suya.

[illegible] (Mateo 7:23). Esta [illegible] [illegible].

Mientras tanto, [illegible] en especial a estar comprometido [illegible] por la [illegible] de los [illegible].

[illegible] que [illegible] [illegible] contra [illegible] de [illegible] [illegible] final de su vida [illegible] por [illegible] por la conversión de [illegible] la [illegible] existe la [illegible].

[illegible] a [illegible] de [illegible] [illegible].

Notas